もくじ

※（　）の中の漢字はできかたについてせつ明しています。

本書《ほんしょ》の特長《とくちょう》と使《つか》い方《かた》

あなたは漢字《かんじ》が好《す》きですか？　本書《ほんしょ》は次《つぎ》の四《よっ》つの特長《とくちょう》で、漢字《かんじ》をしっかり学《まな》べるように工夫《くふう》しました。

●例文《れいぶん》の中《なか》で漢字《かんじ》の使《つか》い方《かた》を理解《りかい》できます

漢字《かんじ》は二字以上《にじいじょう》組《く》み合《あ》わせて（熟語《じゅくご》）使《つか》われることが多《おお》いですし、文章《ぶんしょう》の中《なか》で使《つか》えるようにならなければなりません。

この本《ほん》は、その学年《がくねん》で勉強《べんきょう》する漢字《かんじ》を五十《ごじゅう》の例文《れいぶん》の中《なか》に全部《ぜんぶ》入《い》れています。また、例文《れいぶん》は、理科《りか》の勉強《べんきょう》や社会科《しゃかいか》の知識《ちしき》も入《い》れています。わからない言葉《ことば》（熟語《じゅくご》）が出《で》てきたら、国語辞典《こくごじてん》で調《しら》べてみてください。知識《ちしき》がどんどん広《ひろ》がります。

例文《れいぶん》を読《よ》んだり、漢字《かんじ》を書《か》いたりするうちに賢《かしこ》くなっている自分《じぶん》に気《き》がつくでしょう。

●五《いつ》つの例文《れいぶん》を徹底反復学習《てっていはんぷくがくしゅう》で無理《むり》なく定着《ていちゃく》させます

漢字《かんじ》は一度《いちど》書《か》いたり、読《よ》んだりしただけでは覚《おぼ》えられません。この本《ほん》では五《いつ》つの例文《れいぶん》を「三回読《さんかいよ》み」「なぞり」「読《よ》みがな」「解説《かいせつ》」「難《むずか》しい文字《もじ》の書《か》き取《と》り（二回《にかい》）」「全文書《ぜんぶんか》き取《と》り（二回《にかい》）」の順《じゅん》に繰《く》り返《かえ》し練習《れんしゅう》するようにしていますので、無《む》理《り》なく学習《がくしゅう》を進《すす》めることができます。

本書《ほんしょ》はページの順《じゅん》に以下《いか》の使《つか》い方《かた》をしてください。

① 例文《れいぶん》を三回《さんかい》読《よ》む。まず、漢字《かんじ》を読《よ》めるようになりましょう。

② 漢字《かんじ》をなぞる。漢字《かんじ》をなぞりながら、漢字《かんじ》の形《かたち》・読《よ》み方《かた》を確《たし》かめましょう。

③ 読《よ》みがなを書《か》く。漢字《かんじ》が読《よ》めるようになったかを確《たし》かめましょう。

④ 古代文字《こだいもじ》などを楽《たの》しみましょう。古代文字《こだいもじ》やイラストなどの説明《せつめい》を読《よ》んで、漢字《かんじ》のでき方《かた》などを知《し》りましょう。

⑤ 漢字《かんじ》を書《か》く。ちゃんと漢字《かんじ》の形《かたち》を覚《おぼ》えたか確《たし》かめましょう。

⑥ この本《ほん》の終《お》わりに、学年《がくねん》の漢字《かんじ》を全部使《ぜんぶつか》ったテストがあります。そのテストで実力《じつりょく》を確認《かくにん》しましょう。

●手書《てが》き文字《もじ》がお手本《てほん》になります

この本《ほん》では活字《かつじ》ではなく、実際《じっさい》に書《か》くときにお手本《てほん》になるような文字《もじ》を使《つか》っています。なぞったり、見本《みほん》の文字《もじ》として活用《かつよう》してください。

●古代文字《こだいもじ》の解説《かいせつ》があります

漢字《かんじ》は、三千年以上《さんぜんねんいじょう》も前《まえ》に中国《ちゅうごく》で作《つく》られました。そして、今《いま》も日本《にほん》や中国《ちゅうごく》で使《つか》われています。漢字《かんじ》は長《なが》い間使《あいだつか》っているうちに、書《か》きやすい字《じ》、速《はや》く書《か》ける字《じ》、美《うつく》しい字《じ》がいろいろ発明《はつめい》されてきました。そうやって、だんだんと字《じ》の形《かたち》が変《か》わってきました。

漢字《かんじ》を勉強《べんきょう》しているあなたに、古代文字《こだいもじ》にふれてもらって、漢字《かんじ》がさらに好《す》きになってもらいたいなと思《おも》って、「漢字《かんじ》のでき方《かた》」のページを作《つく》りました。

「いぬ」の漢字《かんじ》を見《み》てみましょう。古代文字《こだいもじ》では「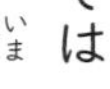」と書《か》きました。犬《いぬ》の形《かたち》がよくわかります。でも、今《いま》の「犬《いぬ》」の方《ほう》が書《か》きやすいですね。「やま」も「」や「」（二字《にじ》とも古代文字《こだいもじ》）より「山《やま》」が書《か》きやすいでしょう。漢字《かんじ》も一字《いちじ》一字《いちじ》、意味《いみ》や読《よ》み方《かた》、書《か》き方《かた》を覚《おぼ》えるための練習《れんしゅう》がとても大事《だいじ》ですが、ときどき、昔《むかし》の字《じ》はどんな形《かたち》だったのだろうと考《かんが》えてみてください。きっと漢字《かんじ》の勉強《べんきょう》が今《いま》までよりもっと楽《たの》しくなりますよ。

桝谷《ますや》　雄三《ゆうぞう》

＊本書の例文は『スピード学習漢字プリント』（桝谷雄三著・フォーラム・A　二〇〇九年）の例文を再編集致しました。

三年生で習う漢字のれい文 ①～⑫

① 九州《きゅうしゅう》旅行《りょこう》に洋服《ようふく》を持《も》っていく。

② 緑色《みどりいろ》の豆《まめ》を両手《りょうて》で皿《さら》に取《と》り分《わ》けた。

③ 主人公《しゅじんこう》は都会《とかい》で幸福《こうふく》にくらした。

④ 身長《しんちょう》、体重《たいじゅう》を調《しら》べて書《か》き写《うつ》す。

⑤ 昔《むかし》の友《とも》が死《し》んだ悲《かな》しみを詩《し》に表《あらわ》す。

⑥ 羊《ひつじ》を追《お》うと一《いっ》せいに動《うご》き始《はじ》めた。

⑦ かれが美化委員《びかいいん》の代表《だいひょう》に決定《けってい》した。

⑧ 太平洋《たいへいよう》の島《しま》の波打《なみう》ちぎわで遊《あそ》ぶ。

⑨ 神様《かみさま》を祭《まつ》って、深《ふか》く幸《しあわ》せをいのる。

⑩ 鼻血《はなぢ》が出《で》て真正面《ましょうめん》を向《む》けない。

⑪ 球《たま》を受《う》けて投《な》げる練習《れんしゅう》をする。

⑫ 始業式《しぎょうしき》の後《あと(のち)》、集合写真《しゅうごうしゃしん》をとった。

※太い字は三年生で習う漢字です。

三年生で習う漢字のれい文 ⑬～㉔

⑬ ここは日《に》本《ぽん》で**第**《だい》一《いち》**号**《ごう》の水《すい》**族**《ぞく》**館**《かん》だ。

⑭ **医**《い》**者**《しゃ》が**病**《びょう》**院**《いん》で**酒**《さけ》を**飲**《の》むのは**問**《もん》**題**《だい》だ。

⑮ **農**《のう》家《か》の**畑**《はたけ》のすみに**炭**《すみ》おき小《ご》**屋**《や》がある。

⑯ **柱**《はしら》の**温**《おん》**度**《ど》計《けい》を太《たい》**陽**《よう》が**温**《あたた》める。

⑰ **銀**《ぎん》行《こう》の**客**《きゃく》が貸《かし》金《きん》**庫**《こ》を**使**《つか》う。

⑱ **港**《みなと》**区**《く》の**神**《じん》社《じゃ》をたてた**宮**《みや》大《だい》工《く》。

⑲ 山《やま》**登**《のぼ》りで木《こ*》の**実**《み》を**拾**《ひろ》いながら**進**《すす》む。

⑳ **留**《る》**守**《す》中《ちゅう》に**短**《みじか》い**曲**《きょく》を**笛**《ふえ》でふいた。

㉑ **寒**《かん》中《ちゅう》水《すい》**泳**《えい》の日《ひ》、うすく**氷**《こおり》がはった。

㉒ **漢**《かん》字《じ》の**宿**《しゅく》**題**《だい》が**終**《お》わって電《でん》気《き》を**消**《け》す。

㉓ あの人《ひと》は**世**《せ》**界**《かい》でも一《いち》**流**《りゅう》の**悪**《あく》**役**《やく》だ。

㉔ **暑**《あつ》いので**湖**《みずうみ》の**岸**《きし》べで**横**《よこ》になった。

※太い字は三年生で習う漢字です。

＊木の実は「きのみ」と読むこともあります。

三年生で習う漢字のれい文 ㉕〜㊲

㉕ **昭和**《しょうわ》、**平**成《へいせい》、令**和**《れいわ》へと時《とき》は**流**《なが》れた。

㉖ **急**《きゅう》な**坂**道《さかみち》で**転**《ころ》んで手《て》の**皮**《かわ》がむけた。

㉗ **軽**《かる》い**荷物**《にもつ》でも**安全**《あんぜん》には**注意**《ちゅうい》して**運**《はこ》ぶ。

㉘ ＊**帳面**《ちょうめん》を**開**《ひら》いて**童**話《どうわ》の**感想**《かんそう》を書《か》く。

㉙ **列**車《れっしゃ》に**乗**《の》ってから、一**息**《ひといき》ついた。

㉚ むねが**重苦**《おもくる》しく、**調**子《ちょうし》が**悪**《わる》い。

㉛ 作**品**《さくひん》は三学**期**《さんがっき》に**返**《かえ》す**予定**《よてい》です。

㉜ 車内**放送**《しゃないほうそう》によると**次**《つぎ》が**終着駅**《しゅうちゃくえき》だ。

㉝ **秒速**《びょうそく》五十《ごじゅう》メートルの風《かぜ》は車《くるま》より**速**《はや》い。

㉞ **去**年《きょねん》の**運動**《うんどう》会《かい》は赤組《あかぐみ》が**勝**《か》った。

㉟ 道**具箱**《どうぐばこ》の中《なか》に上**等**《じょうとう》な**筆**《ふで》がある。

㊱ 朝**起**《あさお》きて**君**《きみ》は**歯**《は》をみがきましたか。

㊲ **箱**《はこ》を**開**《あ》け、**商品**《しょうひん》を**整**理《せいり》して**送**《おく》る。

※太い字は三年生で習う漢字です。

＊帳面…ノートのこと。

三年生で習う漢字のれい文 ㊳〜㊿

㊳ 自《じ》由《ゆう》勉《べん》強《きょう》で反《はん》対《たい》の意《い》味《み》を調《しら》べた。

㊴ まな板《いた》の油《あぶら》を湯《ゆ》であらい落《お》とす。

㊵ 橋《はし》の中《ちゅう》央《おう》でお待《ま》ち申《もう》し上《あ》げます。

㊶ 学《がっ》級《きゅう》に配《くば》り係《がかり》その他《た》の仕《し》事《ごと》がある。

㊷ 試《し》合《あい》に負《ま》けても野《や》球《きゅう》部《ぶ》は礼《れい》を言《い》う。

㊸ 三《さん》丁《ちょう》目《め》に発《はっ》電《でん》の研《けん》究《きゅう》所《じょ(しょ)》がある。

㊹ 指《ゆび》を切《き》り、薬《やっ》局《きょく》で安《やす》い薬《くすり》を買《か》った。

㊺ 地《ち》階《かい》の部屋《へや》は暗《くら》くて人《ひと》が住《す》めない。

㊻ 庭《にわ》で植《しょく》物《ぶつ》を一《いっ》生《しょう》けん命《めい》育《そだ》てる。

㊼ 道《どう》路《ろ》に鉄《てっ》柱《ちゅう》を根《ね》元《もと》*からうめこむ。

㊽ 友《とも》だちと相《そう》談《だん》し、手《て》助《だす》けをした。

㊾ 千《ち》葉《ば》県《けん》の予《よ》算《さん》はある県《けん》の倍《ばい》だ。

㊿ この曲《きょく》の第《だい》一《いち》楽《がく》章《しょう》は有《ゆう》名《めい》だ。

※太い字は三年生で習う漢字です。

＊「根元」は「根本」と書く場合もあります。

文を三回読みましょう

名前

月　日

①　九《きゅう》州《しゅう》旅《りょ》行《こう》に洋《よう》服《ふく》を持《も》っていく。

②　緑《みどり》色《いろ》の豆《まめ》を両《りょう》手《て》で皿《さら》に取《と》り分《わ》けた。

③　主《しゅ》人《じん》公《こう》は都《と》会《かい》で幸《こう》福《ふく》にくらした。

④　身《しん》長《ちょう》、体《たい》重《じゅう》を調《しら》べて書《か》き写《うつ》す。

⑤　昔《むかし》の友《とも》が死《し》んだ悲《かな》しみを詩《し》に表《あらわ》す。

れい文 ①～⑤

漢字をていねいになぞりましょう

名前

月　日

①　九州《きゅうしゅう》旅行《りょこう》に洋服《ようふく》を持《も》っていく。

②　緑色《みどりいろ》の豆《まめ》を両手《りょうて》で皿《さら》に取《と》り分《わ》けた。

③　主人公《しゅじんこう》は都会《とかい》で幸福《こうふく》にくらした。

④　身長《しんちょう》、体重《たいじゅう》を調《しら》べて書《か》き写《うつ》す。

⑤　昔《むかし》の友《とも》が死《し》んだ悲《かな》しみを詩《し》に表《あらわ》す。

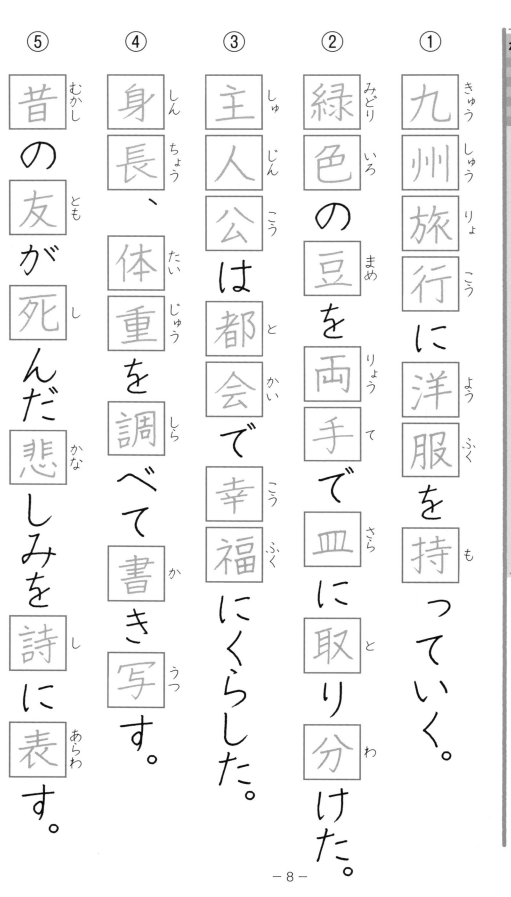

れい文 ①〜⑤

漢字に読みがなをつけましょう

① 九州旅行に洋服を持っていく。

② 緑色の豆を両手で皿に取り分けた。

③ 主人公は都会で幸福にくらした。

④ 身長、体重を調べて書き写す。

⑤ 昔の友が死んだ悲しみを詩に表す。

（答え➡7ページ）

名前

月　日

れい文 1～5

漢字のでき方を読みましょう

名前

月　日

州

シュウ　本州《ほんしゅう》

川の中にある中州《なかす》の形《かたち》からできた字。それから陸地《りくち》の意味《いみ》になり、大きな地域《ちいき》の意味《いみ》に使《つか》われるようになった。

皿

さら　お皿《さら》

皿《さら》の形《かたち》からできた字。今《いま》の皿《さら》とは形《かたち》がちがい、底《そこ》が深《ふか》かった。

主

ぬし　持《も》ち主《ぬし》

おも　主《おも》な登場人物《とうじょうじんぶつ》

シュ　主語《しゅご》

明《あ》かりをともす台《だい》に火がついている形《かたち》。火をあつかうのは氏族《しぞく》の中心《ちゅうしん》になる人だったことから、中心《ちゅうしん》になる人を主《ぬし》と言《い》うようになった。

※〈主《しゅ》をふくむ字〉柱《ちゅう》は木が家《いえ》の中心《ちゅうしん》でじっとしていること。住《じゅう》は人がじっと定住《ていじゅう》すること。注《ちゅう》は水を注《そそ》ぐときに、じっと注意《ちゅうい》して見ること。

身

み　身《み》の回《まわ》り

シン　全身《ぜんしん》

にんしんして腹《はら》の大きな人を横《よこ》から見た形《かたち》。後《のち》に「からだ」の意味《いみ》になった。

死

し-ぬ　金魚《きんぎょ》が死《し》ぬ

シ　死者《ししゃ》

歹と人（匕）を組《く》み合《あ》わせた形《かたち》。歹は死者《ししゃ》のほねの形《かたち》。

れい文 ①～⑤

漢字の練習をしましょう

名前

月　日

（答え➡7ページ）

① 九《きゅう》州《しゅう》□《りょ》□《こう》に□《よう》□《ふく》を持《も》っていく。

② 緑《みどり》色《いろ》の□《まめ》を両《りょう》手《て》で□《さら》に□《と》り□《わ》けた。

③ □《しゅ》□《じん》□《こう》は都《と》会《かい》で幸《こう》福《ふく》にくらした。

④ 身《しん》長《ちょう》、□《たい》□《じゅう》を調《しら》べて□《か》き□《うつ》す。

⑤ 昔《むかし》の□《とも》が死《し》んだ悲《かな》しみを□《し》に□《あらわ》す。

れい文 ①〜⑤

漢字の練習をしましょう

（答え➡7ページ）

名前

月　日

①　□《きゅう》□《しゅう》旅《りょ》行《こう》に洋《よう》服《ふく》を□《も》っていく。

②　□《みどり》□《いろ》の豆《まめ》を□《りょう》□《て》で皿《さら》に取《と》り分《わ》けた。

③　主《しゅ》人《じん》公《こう》は□《と》□《かい》で□《こう》□《ふく》にくらした。

④　□《しん》□《ちょう》、体《たい》重《じゅう》を□《しら》べて書《か》き写《うつ》す。

⑤　□《むかし》の□《とも》が□《し》んだ□《かな》しみを詩《し》に表《あらわ》す。

れい文 ①～⑤

漢字を書きましょう

名前　　　月　　日

（答え⬇7ページ）

① □《きゅう》□《しゅう》□《りょ》□《こう》に□《よう》□《ふく》を□《も》っていく。

② □《みどり》□《いろ》の□《まめ》を□《りょう》□《て》で□《さら》に□《と》り□《わ》けた。

③ □《しゅ》□《じん》□《こう》は□《と》□《かい》で□《こう》□《ふく》にくらした。

④ □《しん》□《ちょう》、□《たい》□《じゅう》を□《しら》べて□《か》き□《うつ》す。

⑤ □《むかし》の□《とも》が□《し》んだ□《かな》しみを□《し》に□《あらわ》す。

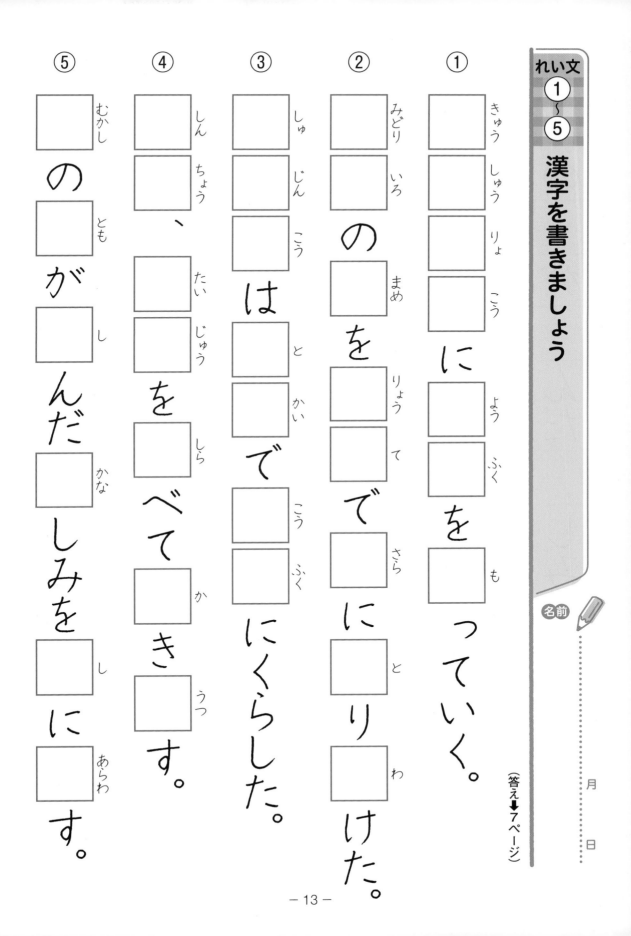

れい文①～⑤

漢字を書きましょう

名前

月　日

（答え➡7ページ）

① □《きゅう》□《しゅう》□《りょ》□《こう》に□《よう》□《ふく》を□《も》っていく。

② □《みどり》□《いろ》の□《まめ》を□《りょう》□《て》で□《さら》に□《と》り□《わ》けた。

③ □《しゅ》□《じん》□《こう》は□《と》□《かい》で□《こう》□《ふく》にくらした。

④ □《しん》□《ちょう》、□《たい》□《じゅう》を□《しら》べて□《か》き□《うつ》す。

⑤ □《むかし》の□《とも》が□《し》んだ□《かな》しみを□《し》に□《あらわ》す。

れい文 ⑥～⑩

文を三回読みましょう

名前

月　日

⑥ 羊《ひつじ》を追《お》うと一《いっ》せいに動《うご》き始《はじ》めた。

⑦ かれが美《び》化《か》委《い》員《いん》の代《だい》表《ひょう》に決《けっ》定《てい》した。

⑧ 太《たい》平《へい》洋《よう》の島《しま》の波《なみ》打《う》ちぎわで遊《あそ》ぶ。

⑨ 神《かみ》様《さま》を祭《まつ》って、深《ふか》く幸《しあわ》せをいのる。

⑩ 鼻《はな》血《ぢ》が出《で》て真《ま》正《しょう》面《めん》を向《む》けない。

れい文 ⑥〜⑩

漢字をていねいになぞりましょう

名前

月　日

⑥ 羊《ひつじ》を追《お》うと一せいに動《うご》き始《はじ》めた。

⑦ かれが美《び》化《か》委《い》員《いん》の代《だい》表《ひょう》に決《けっ》定《てい》した。

⑧ 太《たい》平《へい》洋《よう》の島《しま》の波《なみ》打《う》ちぎわで遊《あそ》ぶ。

⑨ 神《かみ》様《さま》を祭《まつ》って、深《ふか》く幸《しあわ》せをいのる。

⑩ 鼻《はな》血《ぢ》が出て真《ま》正《しょう》面《めん》を向《む》けない。

れい文 ⑥〜⑩

漢字に読みがなをつけましょう

名前

月　日

(答え➡15ページ)

⑥ 羊を追うと一せいに動き始めた。

⑦ かれが美化委員の代表に決定した。

⑧ 太平洋の島の波打ちぎわで遊ぶ。

⑨ 神様を祭って、深く幸せをいのる。

⑩ 鼻血が出て真正面を向けない。

れい文 ⑥〜⑩

漢字のでき方を読みましょう

名前

月　日

羊

ひつじ　ヨウ

羊雲《ひつじぐも》　羊毛《ようもう》

前《まえ》から見た羊《ひつじ》の形《かたち》からできた字。

美

うつく-しい　ビ

美《うつく》しい花《はな》　美容院《びよういん》

羊《ひつじ》の全身《ぜんしん》からできた字。足も角《つの》もある。

洋

ヨウ

遠洋《えんよう》

水＋羊《よう》で、広々《ひろびろ》とした海《うみ》を表《あらわ》す。

様

さま　ヨウ

お客様《きゃくさま》　様子《ようす》

上の字に「羊《ひつじ》」があるため「ヨウ」と読《よ》む。羕は水が流《なが》れる様子《ようす》を表《あらわ》す。木（きへん）は木の板《いた》のことで、合《あ》わせて様式《ようしき》（きまった形《かたち》）、様子《ようす》（ありさま）のことを表《あらわ》す。

※とてもまちがいが多《おお》い字の一つ。筆順《ひつじゅん》に注意《ちゅうい》。木⬇羊（羊の下をはねる）⬇><

面

メン

顔面《がんめん》

お面《めん》から目が現《あらわ》れている様子《ようす》から、「面《めん》・顔《かお》」を表《あらわ》す字になった。

れい文 ⑥～⑩ 漢字の練習をしましょう

名前

月　日

（答え⬇15ページ）

⑥ 羊《ひつじ》を追《お》うと一せいに□《うご》き□《はじ》めた。

⑦ かれが美《び》化《か》委《い》員《いん》の□《だい》□《ひょう》に□《けっ》□《てい》した。

⑧ 太《たい》平《へい》洋《よう》の□《しま》の□《なみ》□《う》ちぎわで遊《あそ》ぶ。

⑨ 神《かみ》様《さま》を祭《まつ》って、□《ふか》く□《しあわ》せをいのる。

⑩ 鼻《はな》血《ぢ》が出て□《ま》□《しょう》□《めん》を向《む》けない。

れい文 ⑥〜⑩

漢字の練習をしましょう

名前

月　日

（答え⬇15ページ）

⑥ □《ひつじ》を□《お》うと一せいに動《うご》き始《はじ》めた。

⑦ かれが□《び》□《か》□《い》□《いん》の代《だい》表《ひょう》に決《けっ》定《てい》した。

⑧ □《たい》□《へい》□《よう》の島《しま》の波《なみ》打《う》ちぎわで□《あそ》ぶ。

⑨ □《かみ》□《さま》を祭《まつ》って、深《ふか》く幸《しあわ》せをいのる。

⑩ □《はな》□《ぢ》が出て真《ま》正《しょう》面《めん》を□《む》けない。

れい文⑥〜⑩

漢字を書きましょう

名前

月　日

（答え➡15ページ）

⑥ □《ひつじ》を□《お》うと一せいに□《うご》き□《はじ》めた。

⑦ かれが□《び》□《か》□《い》□《いん》の□《だい》□《ひょう》に□《けっ》□《てい》した。

⑧ □《たい》□《へい》□《よう》の□《しま》の□《なみ》□《う》ちぎわで□《あそ》ぶ。

⑨ □《かみ》□《さま》を□《まつ》って、□《ふか》く□《しあわ》せをいのる。

⑩ □《はな》□《ぢ》が出て□《ま》□《しょう》□《めん》を□《む》けない。

れい文 ⑥〜⑩

漢字を書きましょう

名前

月　日

（答え➡15ページ）

⑥ □《ひつじ》を□《お》うと一せいに□《うご》き□《はじ》めた。

⑦ かれが□《び》□《か》□《い》□《いん》の□《だい》□《ひょう》に□《けっ》□《てい》した。

⑧ □《たい》□《へい》□《よう》の□《しま》の□《なみ》□《う》ちぎわで□《あそ》ぶ。

⑨ □《かみ》□《さま》を□《まつ》って、□《ふか》く□《しあわ》せをいのる。

⑩ □《はな》□《ぢ》が出て□《ま》□《しょう》□《めん》を□《む》けない。

れい文⑪〜⑮

文を三回読みましょう

名前

月　日

⑪ 球《たま》を受《う》けて投《な》げる練《れん》習《しゅう》をする。

⑫ 始《し》業《ぎょう》式《しき》の後《あと(のち)》、集《しゅう》合《ごう》写《しゃ》真《しん》をとった。

⑬ ここは日本《にっぽん》で第《だい》一《いち》号《ごう》の水《すい》族《ぞく》館《かん》だ。

⑭ 医《い》者《しゃ》が病《びょう》院《いん》で酒《さけ》を飲《の》むのは問《もん》題《だい》だ。

⑮ 農《のう》家《か》の畑《はたけ》のすみに炭《すみ》おき小《ご》屋《や》がある。

漢字をていねいになぞりましょう

名前

月　日

⑪ 球《たま》を受《う》けて投《な》げる練《れん》習《しゅう》をする。

⑫ 始《し》業《ぎょう》式《しき》の後《あと》、集《しゅう》合《ごう》写《しゃ》真《しん》をとった。

⑬ ここは日本で第《だい》一《いち》号《ごう》の水《すい》族《ぞく》館《かん》だ。

⑭ 医《い》者《しゃ》が病《びょう》院《いん》で酒《さけ》を飲《の》むのは問《もん》題《だい》だ。

⑮ 農《のう》家《か》の畑《はたけ》のすみに炭《すみ》おき小《ご》屋《や》がある。

れい文 ⑪～⑮

漢字に読みがなをつけましょう

（答え➡23ページ）

名前

月　日

⑪ 球を受けて投げる練習をする。

⑫ 始業式の後、集合写真をとった。

⑬ ここは日本で第一号の水族館だ。

⑭ 医者が病院で酒を飲むのは問題だ。

⑮ 農家の畑のすみに炭おき小屋がある。

漢字のでき方を読みましょう

名前

月　日

受

うーける　うーかる　ジュ

受《う》け取《と》る　試験《しけん》に受《う》かる　受話器《じゅわき》

物《もの》と上下の手でできた字。物《もの》をわたす手と物《もの》を受《う》ける手を表《あらわ》している。

集

あつーめる　シュウ

鳥《とり》が集《あつ》まる　集会《しゅうかい》

鳥《とり》が木にたくさんとまっていることから、集《あつ》まる意味《いみ》を表《あらわ》す。隹は鳥《とり》を表《あらわ》す。

族

ゾク

家族《かぞく》

旗《はた》の下に矢《や》を持《も》って集《あつ》まった一族《いちぞく》のことを表《あらわ》している。

※旅《たび》（　）も昔《むかし》の字は旗《はた》の下に人が集《あつ》まって進《すす》んでいる様子《ようす》を表《あらわ》している。

病

やまい　ビョウ

病《やまい》は気《き》から　病気《びょうき》

字の左側《ひだりがわ》（爿）はベッドを表《あらわ》す。そこでねているので病気《びょうき》の意味《いみ》。

炭

すみ　タン

炭《すみ》やき小屋《ごや》　石炭《せきたん》

山＋厂（がけ）＋火で、山のがけの下で炭《すみ》をやくという意味《いみ》。

れい文 ⑪〜⑮

漢字の練習をしましょう

名前

月　日

（答え↓23ページ）

⑪ 球《たま》を□《う》けて□《な》げる練《れん》習《しゅう》をする。

⑫ 始《し》業《ぎょう》□《しき》の□《あと》、□《しゅう》□《ごう》写《しゃ》真《しん》をとった。

⑬ ここは日本で□《だい》□《いち》□《ごう》の水《すい》族《ぞく》館《かん》だ。

⑭ 医《い》者《しゃ》が□《びょう》□《いん》で酒《さけ》を□《の》むのは問《もん》題《だい》だ。

⑮ 農《のう》家《か》の□《はたけ》のすみに炭《すみ》おき□《ご》□《や》がある。

れい文 ⑪〜⑮

漢字の練習をしましょう

名前

月　日

（答え➡23ページ）

⑪ □《たま》を受《う》けて投《な》げる□《れん》□《しゅう》をする。

⑫ □《し》□《ぎょう》式《しき》の□《あと》、集《しゅう》合《ごう》□《しゃ》□《しん》をとった。

⑬ ここは日本で第《だい》一《いち》号《ごう》の□《すい》□《ぞく》□《かん》だ。

⑭ □《い》□《しゃ》が病《びょう》院《いん》で□《さけ》を飲《の》むのは□《もん》□《だい》だ。

⑮ □《のう》□《か》の畑《はたけ》のすみに□《すみ》おき小《ご》屋《や》がある。

れい文 ⑪〜⑮

漢字を書きましょう

名前

月　日

（答え➡23ページ）

⑪ □《たま》を□《う》けて□《な》げる□《れん》□《しゅう》をする。

⑫ □《し》□《ぎょう》□《しき》の□《あと》、□《しゅう》□《ごう》□《しゃ》□《しん》をとった。

⑬ ここは日本で□《だい》□《いち》□《ごう》の□《すい》□《ぞく》□《かん》だ。

⑭ □《い》□《しゃ》が□《びょう》□《いん》で□《さけ》を□《の》むのは□《もん》□《だい》だ。

⑮ □《のう》□《か》の□《はたけ》のすみに□《すみ》おき□《ご》□《や》がある。

れい文 ⑪〜⑮

漢字を書きましょう

名前

月　日

（答え➡23ページ）

⑪ □《たま》を□《う》けて□《な》げる□《れん》□《しゅう》をする。

⑫ □《し》□《ぎょう》□《しき》の□《あと》、□《しゅう》□《ごう》□《しゃ》□《しん》をとった。

⑬ ここは日本で□《だい》□《いち》□《ごう》の□《すい》□《ぞく》□《かん》だ。

⑭ □《い》□《しゃ》が□《びょう》□《いん》で□《さけ》を□《の》むのは□《もん》□《だい》だ。

⑮ □《のう》□《か》の□《はたけ》のすみに□《すみ》おき□《ご》□《や》がある。

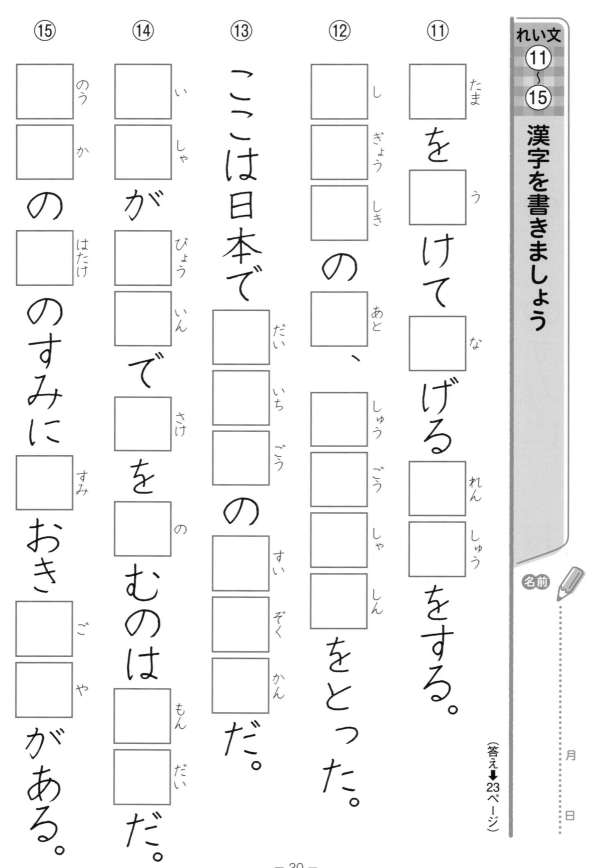

れい文⑯〜⑳

文を三回読みましょう

名前

月　日

⑯ 柱《はしら》の温《おん》度《ど》計《けい》を太《たい》陽《よう》が温《あたた》める。

⑰ 銀《ぎん》行《こう》の客《きゃく》が貸《かし》金《きん》庫《こ》を使《つか》う。

⑱ 港《みなと》区《く》の神《じん》社《じゃ》をたてた宮《みや》大《だい》工《く》。

⑲ 山《やま》登《のぼ》りで木《こ》の実《み》を拾《ひろ》いながら進《すす》む。

⑳ 留《る》守《す》中《ちゅう》に短《みじか》い曲《きょく》を笛《ふえ》でふいた。

れい文 ⑯〜⑳

漢字をていねいになぞりましょう

名前

月　日

⑯ 柱《はしら》の温《おん》度《ど》計《けい》を太《たい》陽《よう》が温《あたた》める。

⑰ 銀《ぎん》行《こう》の客《きゃく》が貸《かし》金《きん》庫《こ》を使《つか》う。

⑱ 港《みなと》区《く》の神《じん》社《じゃ》をたてた宮《みや》大《だい》工《く》。

⑲ 山《やま》登《のぼ》りで木《こ》の実《み》を拾《ひろ》いながら進《すす》む。

⑳ 留《る》守《す》中《ちゅう》に短《みじか》い曲《きょく》を笛《ふえ》でふいた。

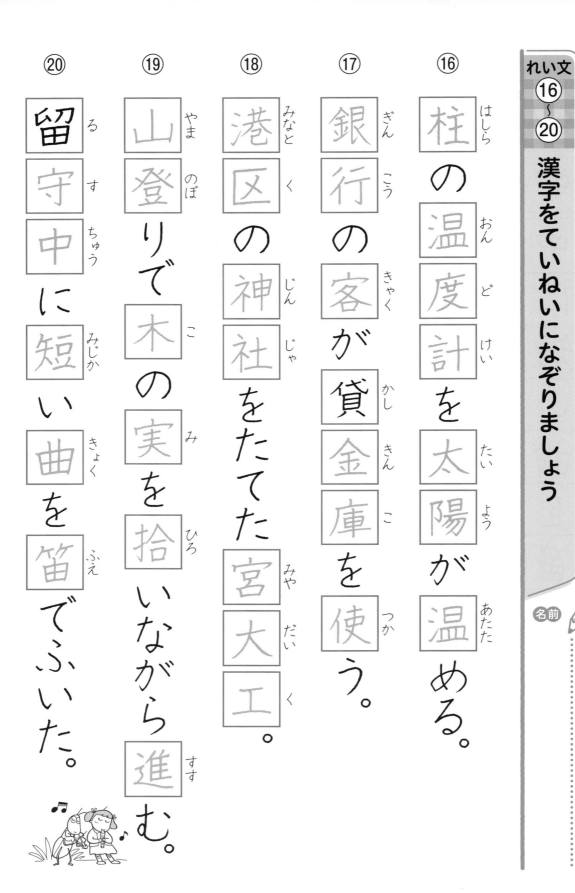

れい文 ⑯〜⑳

漢字に読みがなをつけましょう

名前

月　日

（答え➡31ページ）

⑯ 柱の温度計を太陽が温める。

⑰ 銀行の客が貸《かし》金庫を使う。

⑱ 港区の神社をたてた宮大工。

⑲ 山登りで木の実を拾いながら進む。

⑳ 留《る》守中に短い曲を笛でふいた。

れい文16〜20

漢字のでき方を読みましょう

● このページは、宀《うかんむり》の字を説明《せつめい》します。宀は先祖《せんぞ》のたましいを祭《まつ》っている建物《たてもの》を表《あらわ》します。今《いま》では、家《いえ》と考《かんが》えていいでしょう。

客

キャク　客室《きゃくしつ》

宀＋各《かく》。客《きゃく》は、箱《はこ》（ㅂ）を供《そな》えていのり、よそからむかえた神様《かみさま》がおりて来《く》ることを表《あらわ》す。神様《かみさま》だけでなく、よそからむかえた人のことも言《い》うようになった。

宮

みや　キュウ　宮《みや》まいり　宮中《きゅうちゅう》

宀＋呂。呂は宮殿《きゅうでん》の部屋《へや》を上から見た様子《ようす》。今《いま》の日本ではお宮《みや》＝神社《じんじゃ》と使《つか》うことが多《おお》いが、元《もと》の意《い》味《み》は王様《おうさま》がいる大きな館《やかた》のこと。

実

み　みの-る　ジツ　草《くさ》の実《み》　実《みの》りの秋《あき》　実力《じつりょく》

昔《むかし》の字は實《じつ》で、貝のお金に糸を通《とお》した形《かたち》。それで豊《ゆた》かな「お供《そな》え物《もの》」を表《あらわ》し、中身《なかみ》のつまった果実《かじつ》（実《み》）や中身《なかみ》がつまっていることを表《あらわ》すようになった。實《じつ》をかんたんにして実《じつ》。

守

まも-る　シュ　ス　お守《まも》り　死守《ししゅ》　留守番《るすばん》

宀と寸《すん》を合《あ》わせた字。手（ヨ）で建物《たてもの》を守《まも》ることを表《あらわ》す。

名前　　月　日

れい文 ⑯〜⑳

漢字の練習をしましょう

名前

月　日

（答え⬇31ページ）

⑯ 柱《はしら》の温《おん》度《ど》計《けい》を□《たい》□《よう》が□《あたた》める。

⑰ □《ぎん》□《こう》の客《きゃく》が貸《かし》金《きん》庫《こ》を□《つか》う。

⑱ 港《みなと》区《く》の□《じん》□《じゃ》をたてた宮《みや》大《だい》工《く》。

⑲ 山《やま》登《のぼ》りで□《こ》の□《み》を□《ひろ》いながら進《すす》む。

⑳ 留《る》□《す》□《ちゅう》に短《みじか》い□《きょく》を笛《ふえ》でふいた。

れい文 ⑯〜⑳

漢字の練習をしましょう

名前

月　日

（答え↓31ページ）

⑯ □《はしら》の□《おん》□《ど》□《けい》を太《たい》陽《よう》が温《あたた》める。

⑰ 銀《ぎん》行《こう》の□《きゃく》が貸《かし》□《きん》□《こ》を使《つか》う。

⑱ □《みなと》□《く》の神《じん》社《じゃ》をたてた□《みや》□《だい》□《く》。

⑲ □《やま》□《のぼ》りで木《こ》の実《み》を拾《ひろ》いながら□《すす》む。

⑳ 留《る》守《す》中《ちゅう》に□《みじか》い曲《きょく》を□《ふえ》でふいた。

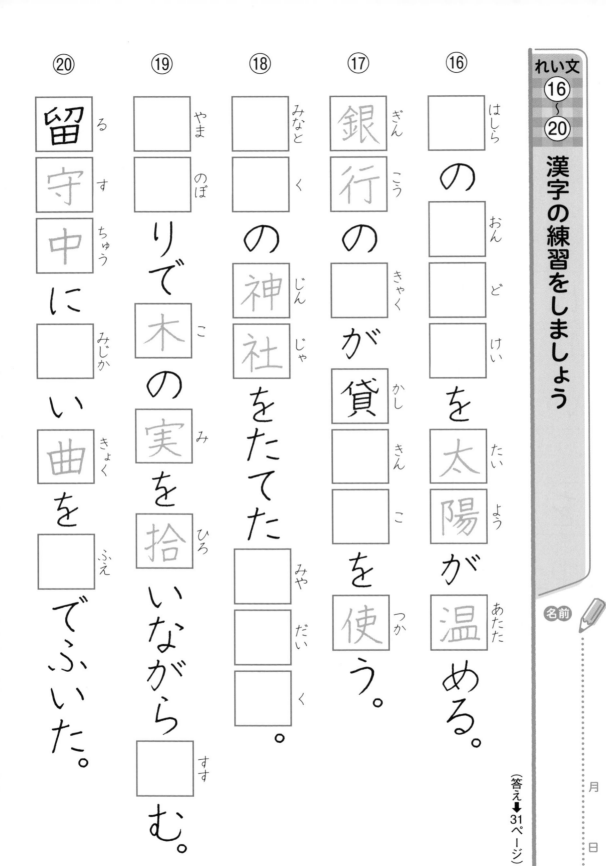

れい文⑯～⑳

漢字を書きましょう

名前

月　日

（答え➡31ページ）

⑯ □《はしら》の□《おん》□《ど》□《けい》を□《たい》□《よう》が□《あたた》める。

⑰ □《ぎん》□《こう》の□《きゃく》が貸《かし》□《きん》□《こ》を□《つか》う。

⑱ □《みなと》□《く》の□《じん》□《じゃ》をたてた□《みや》□《だい》□《く》。

⑲ □《やま》□《のぼ》りで□《こ》の□《み》を□《ひろ》いながら□《すす》む。

⑳ 留《る》□《す》□《ちゅう》に□《みじか》い□《きょく》を□《ふえ》でふいた。

れい文 ⑯〜⑳

漢字を書きましょう

名前

月　日

（答え⬇31ページ）

⑯ □《はしら》の□《おん》□《ど》□《けい》を□《たい》□《よう》が□《あたた》める。

⑰ □《ぎん》□《こう》の□《きゃく》が貸《かし》□《きん》□《こ》を□《つか》う。

⑱ □《みなと》□《く》の□《じん》□《じゃ》をたてた□《みや》□《だい》□《く》。

⑲ □《やま》□《のぼ》りで□《こ》の□《み》を□《ひろ》いながら□《すす》む。

⑳ 留《る》□《す》□《ちゅう》に□《みじか》い□《きょく》を□《ふえ》でふいた。

れい文
㉑～㉕

文を三回読みましょう

名前

月　日

㉑ 寒《かん》中《ちゅう》水《すい》泳《えい》の日《ひ》、うすく氷《こおり》がはった。

㉒ 漢《かん》字《じ》の宿《しゅく》題《だい》が終《お》わって電《でん》気《き》を消《け》す。

㉓ あの人《ひと》は世《せ》界《かい》でも一《いち》流《りゅう》の悪《あく》役《やく》だ。

㉔ 暑《あつ》いので湖《みずうみ》の岸《きし》べで横《よこ》になった。

㉕ 昭《しょう》和《わ》、平《へい》成《せい》、令《れい》和《わ》へと時《とき》は流《なが》れた。

れい文 ㉑〜㉕

漢字をていねいになぞりましょう

名前

月　日

㉑ 寒《かん》中《ちゅう》水《すい》泳《えい》の日、うすく氷《こおり》がはった。

㉒ 漢《かん》字《じ》の宿《しゅく》題《だい》が終《お》わって電気を消《け》す。

㉓ あの人は世《せ》界《かい》でも一《いち》流《りゅう》の悪《あく》役《やく》だ。

㉔ 暑《あつ》いので湖《みずうみ》の岸《きし》べで横《よこ》になった。

㉕ 昭《しょう》和《わ》、平《へい》成《せい》、令《れい》和《わ》へと時《とき》は流《なが》れた。

れい文 ㉑〜㉕

漢字に読みがなをつけましょう

名前

月　日

（答え➡39ページ）

㉑ 寒中水泳の日、うすく氷がはった。

㉒ 漢字の宿題が終わって電気を消す。

㉓ あの人は世界でも一流の悪役だ。

㉔ 暑いので、湖の岸べで横になった。

㉕ 昭和、平成《せい》、令《れい》和へと時は流れた。

漢字のでき方を読みましょう

名前

月　日

●このページは、氵《さんずい》の字を説明《せつめい》します。氵は水に関係《かんけい》します。

泳

およ-ぐ　エイ　平泳《ひらおよ》ぎ　水泳《すいえい》

氵＋永《えい》。永《えい》は川の水が合《あ》わさって速《はや》く流《なが》れている所《ところ》。そこをわたるので泳《およ》ぐ意味《いみ》を表《あらわ》す。

漢

カン　漢字《かんじ》

元《もと》は、中国《ちゅうごく》の川の名前《なまえ》（漢水《かんすい》）だったが、そこに国《くに》ができて「漢《かん》」と名付《なづ》けられた。漢《かん》の辺《あた》りで使《つか》われていた字なので「漢字《かんじ》」。

消

き-える　け-す　ショウ　火《ひ》が消《き》える　電気《でんき》を消《け》す　消火《しょうか》

氵＋肖《しょう》。肖《しょう》は物《もの》のはしっこの意味《いみ》で、消《しょう》は水が引《ひ》いて消《き》えることの意味《いみ》。

流

なが-す　リュウ　あせを流《なが》す　流氷《りゅうひょう》

氵＋㐬。㐬は頭《あたま》の毛《け》がみだれた子を逆《さか》さまにした形《かたち》。流《りゅう》は子どもが水に流《なが》されている形《かたち》。

※（＝育《いく》。母《はは》から子が出てくる）と比《くら》べてみましょう。

湖

みずうみ　コ　広《ひろ》い湖《みずうみ》　びわ湖《こ》

氵＋胡《こ》。胡《こ》は牛《うし》のあごのたれ下がった肉《にく》。そのように、川にたれ下がるように水がたまった所《ところ》が湖《みずうみ》。

れい文 ㉑～㉕

漢字の練習をしましょう

（答え↓39ページ）

名前

月　日

㉑ 寒《かん》中《ちゅう》□《すい》□《えい》の日、うすく氷《こおり》がはった。

㉒ □《かん》□《じ》の宿《しゅく》題《だい》が終《お》わって電気を□《け》す。

㉓ あの人は世《せ》界《かい》でも□《いち》□《りゅう》の悪《あく》役《やく》だ。

㉔ 暑《あつ》いので□《みずうみ》の岸《きし》べで□《よこ》になった。

㉕ 昭《しょう》和《わ》、□《へい》成《せい》、令《れい》和《わ》へと□《とき》は□《なが》れた。

れい文 ㉑～㉕

漢字の練習をしましょう

名前

月　日

（答え➡39ページ）

㉑ 寒《かん》中《ちゅう》水《すい》泳《えい》の日、うすく□《こおり》がはった。

㉒ 漢《かん》字《じ》の□《しゅく》□《だい》が□《お》わって電気を消《け》す。

㉓ あの人は□《せ》□《かい》でも一《いち》流《りゅう》の□《あく》□《やく》だ。

㉔ □《あつ》いので湖《みずうみ》の□《きし》べで横《よこ》になった。

㉕ □《しょう》□《わ》、平《へい》成《せい》、令《れい》□《わ》へと□《とき》は流《なが》れた。

れい文 ㉑〜㉕ 漢字を書きましょう

名前

月　日

（答え⬇39ページ）

㉑ □《かん》□《ちゅう》□《すい》□《えい》の日、うすく□《こおり》がはった。

㉒ □《かん》□《じ》の□《しゅく》□《だい》が□《お》わって電気を□《け》す。

㉓ あの人は□《せ》□《かい》でも□《いち》□《りゅう》の□《あく》□《やく》だ。

㉔ □《あつ》いので□《みずうみ》の□《きし》べで□《よこ》になった。

㉕ □《しょう》□《わ》、□《へい》成《せい》、令《れい》□《わ》へと□《とき》は□《なが》れた。

れい文 ㉑～㉕

漢字を書きましょう

（答え➡39ページ）

名前　　月　　日

㉑ □《かん》□《ちゅう》□《すい》□《えい》の日、うすく□《こおり》がはった。

㉒ □《かん》□《じ》の□《しゅく》□《だい》が□《お》わって電気を□《け》す。

㉓ あの人は□《せ》□《かい》でも□《いち》□《りゅう》の□《あく》□《やく》だ。

㉔ □《あつ》いので□《みずうみ》の□《きし》べで□《よこ》になった。

㉕ □《しょう》□《わ》、□《へい》成《せい》、令《れい》□《わ》へと□《とき》は□《なが》れた。

れい文 ㉖〜㉚

文を三回読みましょう

名前

月　日

㉖ 急《きゅう》な坂《さか》道《みち》で転《ころ》んで手《て》の皮《かわ》がむけた。

㉗ 軽《かる》い荷《に》物《もつ》でも安《あん》全《ぜん》には注《ちゅう》意《い》して運《はこ》ぶ。

㉘ 帳《ちょう》面《めん》を開《ひら》いて童《どう》話《わ》の感《かん》想《そう》を書《か》く。

㉙ 列《れっ》車《しゃ》に乗《の》ってから、一《ひと》息《いき》ついた。

㉚ むねが重《おも》苦《くる》しく、調《ちょう》子《し》が悪《わる》い。

れい文 ㉖〜㉚

漢字をていねいになぞりましょう

名前

月　日

㉖ 急《きゅう》な坂《さか》道《みち》で転《ころ》んで手《て》の皮《かわ》がむけた。

㉗ 軽《かる》い荷《に》物《もつ》でも安《あん》全《ぜん》には注《ちゅう》意《い》して運《はこ》ぶ。

㉘ 帳《ちょう》面《めん》を開《ひら》いて童《どう》話《わ》の感《かん》想《そう》を書《か》く。

㉙ 列《れっ》車《しゃ》に乗《の》ってから、一《ひと》息《いき》ついた。

㉚ むねが重《おも》苦《くる》しく、調《ちょう》子《し》が悪《わる》い。

れい文 ㉖～㉚

漢字に読みがなをつけましょう

㉖ 急な坂道で転んで手の皮がむけた。

㉗ 軽い荷物でも安全には注意して運ぶ。

㉘ 帳面を開いて童話の感想を書く。

㉙ 列車に乗ってから、一息ついた。

㉚ むねが重苦しく、調子が悪い。

（答え➡47ページ）

名前

月　日

れい文 26～30

漢字のでき方を読みましょう

● このページは、心《こころ》の字を説明《せつめい》します。心《こころ》の古代《こだい》文字（　）は心臓《しんぞう》の形《かたち》からできました。

急

いそ-ぐ　キュウ　大急《おおいそ》ぎ　急用《きゅうよう》

人（　）＋又《また》（　）＋心《こころ》。又《また》は、もとは「右手」の意味《いみ》。
人の後《うし》ろから手を伸《の》ばして、追《お》いつこうと急《いそ》ぐ心《こころ》を表《あらわ》している。

意

イ　意外《いがい》

音＋心《こころ》。神様《かみさま》がかすかに立てた音から気持《きも》ちを考《かんが》えたので「思《おも》う・考《かんが》える」の意味《いみ》になった。

感

カン　感想文《かんそうぶん》

咸《かん》＋心《こころ》。咸《かん》は「神《かみ》へのいのりをとじこめて守《まも》る」意味《いみ》で、そうすれば神《かみ》の心《こころ》が動《うご》くと考《かんが》えられた。

想

ソウ　理想《りそう》

相《そう》＋心《こころ》。相《そう》は、生き生きした木を目で見て元気《げんき》になること。
そのことを他《た》の人にもやってあげたいとおもうことが「想《そう》」。

息

いき　ソク　息《いき》づかい　休息《きゅうそく》

自《じ》＋心《こころ》。自《じ》は鼻《はな》の形《かたち》。心《こころ》の様子《ようす》が呼吸《こきゅう》に表《あらわ》れることをいう。それで息《いき》のこと。

名前

月　日

れい文 ㉖〜㉚

漢字の練習をしましょう

名前

月　日

（答え⬇47ページ）

㉖ □《きゅう》な坂《さか》道《みち》で転《ころ》んで□《て》の□《かわ》がむけた。

㉗ □《かる》い荷《に》物《もつ》でも□《あん》□《ぜん》には注《ちゅう》意《い》して運《はこ》ぶ。

㉘ 帳《ちょう》面《めん》を□《ひら》いて□《どう》□《わ》の感《かん》想《そう》を□《か》く。

㉙ 列《れっ》車《しゃ》に乗《の》ってから、□《ひと》□《いき》ついた。

㉚ むねが□《おも》□《くる》しく、調《ちょう》子《し》が悪《わる》い。

れい文 ㉖〜㉚

漢字の練習をしましょう

(答え↓47ページ)

㉖ 急《きゅう》な□《さか》□《みち》で□《ころ》んで□《て》の皮《かわ》がむけた。

㉗ 軽《かる》い□《に》□《もつ》でも安《あん》全《ぜん》には□《ちゅう》□《い》して□《はこ》ぶ。

㉘ □《ちょう》□《めん》を開《ひら》いて童《どう》話《わ》の□《かん》□《そう》を□《か》く。

㉙ □《れっ》□《しゃ》に乗《の》ってから、一《ひと》息《いき》ついた。

㉚ むねが重《おも》苦《くる》しく、□《ちょう》□《し》が□《わる》い。

名前

月　日

れい文 ㉖～㉚

漢字を書きましょう

名前

月　日

（答え⬇47ページ）

㉖ □《きゅう》な□《さか》□《みち》で□《ころ》んで□《て》の□《かわ》がむけた。

㉗ □《かる》い□《に》□《もつ》でも□《あん》□《ぜん》には□《ちゅう》□《い》して□《はこ》ぶ。

㉘ □《ちょう》□《めん》を□《ひら》いて□《どう》□《わ》の□《かん》□《そう》を□《か》く。

㉙ □《れっ》□《しゃ》に□《の》ってから、□《ひと》□《いき》ついた。

㉚ むねが□《おも》□《くる》しく、□《ちょう》□《し》が□《わる》い。

れい文 ㉖~㉚

漢字を書きましょう

名前

月　日

（答え➡47ページ）

㉖ □《きゅう》な□《さか》□《みち》で□《ころ》んで□《て》の□《かわ》がむけた。

㉗ □《かる》い□《に》□《もつ》でも□《あん》□《ぜん》には□《ちゅう》□《い》して□《はこ》ぶ。

㉘ □《ちょう》□《めん》を□《ひら》いて□《どう》□《わ》の□《かん》□《そう》を□《か》く。

㉙ □《れっ》□《しゃ》に□《の》ってから、□《ひと》□《いき》ついた。

㉚ むねが□《おも》□《くる》しく、□《ちょう》□《し》が□《わる》い。

れい文 ㉛～㉟

文を三回読みましょう

名前

月　日

㉛ 作《さく》品《ひん》は三《さん》学《がっ》期《き》に返《かえ》す予《よ》定《てい》です。

㉜ 車《しゃ》内《ない》放《ほう》送《そう》によると次《つぎ》が終《しゅう》着《ちゃく》駅《えき》だ。

㉝ 秒《びょう》速《そく》五《ご》十《じゅう》メートルの風《かぜ》は車《くるま》より速《はや》い。

㉞ 去《きょ》年《ねん》の運《うん》動《どう》会《かい》は赤《あか》組《ぐみ》が勝《か》った。

㉟ 道《どう》具《ぐ》箱《ばこ》の中《なか》に上《じょう》等《とう》な筆《ふで》がある。

れい文 ㉛〜㉟

漢字をていねいになぞりましょう

名前

月　日

㉛ 作《さく》品《ひん》は三《さん》学《がっ》期《き》に返《かえ》す予《よ》定《てい》です。

㉜ 車《しゃ》内《ない》放《ほう》送《そう》によると次《つぎ》が終《しゅう》着《ちゃく》駅《えき》だ。

㉝ 秒《びょう》速《そく》五十メートルの風《かぜ》は車より速《はや》い。

㉞ 去《きょ》年《ねん》の運《うん》動《どう》会《かい》は赤《あか》組《ぐみ》が勝《か》った。

㉟ 道《どう》具《ぐ》箱《ばこ》の中に上《じょう》等《とう》な筆《ふで》がある。

れい文 ㉛〜㉟

漢字に読みがなをつけましょう

名前

月　日

（答え⬇55ページ）

㉛ 作品は三学期に返す予定です。

㉜ 車内放送によると次が終着駅だ。

㉝ 秒速五十メートルの風は車より速い。

㉞ 去年の運動会は赤組が勝った。

㉟ 道具箱の中に上等な筆がある。

漢字のでき方を読みましょう

名前

月　日

●このページは、辶《しんにょう》、⺮《たけかんむり》の字を説明《せつめい》します。辶（辵）は道路《どうろ》を行《い》くという意味《いみ》です。

返

かえ-す　ヘン　本《ほん》を返《かえ》す　返事《へんじ》

反《はん》＋辶。反《はん》は、急《きゅう》ながけに手をかけてよじ登《のぼ》ろうとする形《かたち》。体《からだ》がひっくり返《かえ》るので、「返《かえ》る」の意味《いみ》に使《つか》う。

送

おく-る　ソウ　見送《みおく》る　放送《ほうそう》

关《そう》＋辶。关《そう》は、両手《りょうて》で物《もの》をささげ、おくること。

速

はや-い　ソク　速《はや》い車《くるま》　高速道路《こうそくどうろ》

束《そく》＋辶。束《そく》は小さな木を集《あつ》めてくる形《かたち》。束《たば》を作《つく》る時《とき》に息《いき》づかいがはげしく速《はや》くなることから、他《ほか》の「はやい」ことも表《あらわ》すようになった。

運

はこ-ぶ　ウン　荷物《にもつ》を運《はこ》ぶ　運動《うんどう》

軍《ぐん》＋辶。軍《ぐん》は昔《むかし》の戦車《せんしゃ》になびく旗《はた》のこと。将軍《しょうぐん》の動《うご》かすその旗《はた》によって自分《じぶん》たちの戦車《せんしゃ》を運《はこ》んだ。それで、運《はこ》ぶという意味《いみ》に使《つか》うようになった。

筆

ふで　ヒツ　筆《ふで》で書《か》く　毛筆《もうひつ》

竹《たけ》＋聿《いつ》。聿《いつ》は手（ヨ）で筆《ふで》を持《も》っている形《かたち》で、竹《たけ》は筆《ふで》のじく。

れい文 ㉛〜㉟ 漢字の練習をしましょう

名前

月　日

(答え↓55ページ)

㉛ 作《さく》品《ひん》は□《さん》□《がっ》□《き》に□《かえ》す予《よ》定《てい》です。

㉜ □《しゃ》□《ない》□《ほう》□《そう》によると次《つぎ》が終《しゅう》着《ちゃく》駅《えき》だ。

㉝ 秒《びょう》速《そく》五十メートルの□《かぜ》は車より□《はや》い。

㉞ 去《きょ》年《ねん》の□《うん》□《どう》□《かい》は□《あか》□《ぐみ》が勝《か》った。

㉟ 道《どう》具《ぐ》箱《ばこ》の中に□《じょう》□《とう》な□《ふで》がある。

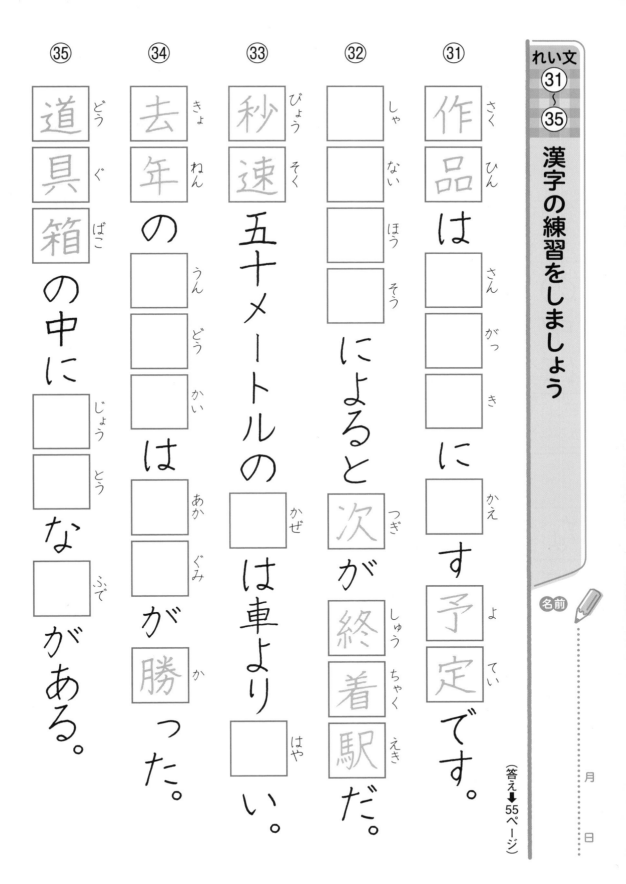

れい文 ㉛〜㉟

漢字の練習をしましょう

名前

月　日

（答え⬇55ページ）

㉛ □《さく》□《ひん》は三《さん》学《がっ》期《き》に返《かえ》す□《よ》□《てい》です。

㉜ □《しゃ》□《ない》放《ほう》送《そう》によると□《つぎ》が□《しゅう》□《ちゃく》□《えき》だ。

㉝ □《びょう》□《そく》五十メートルの□《かぜ》は車より速《はや》い。

㉞ □《きょ》□《ねん》の運《うん》動《どう》会《かい》は□《あか》□《ぐみ》が勝《か》った。

㉟ □《どう》□《ぐ》□《ばこ》の中に上《じょう》等《とう》な筆《ふで》がある。

れい文 ㉛～㉟

漢字を書きましょう

名前

月　日

（答え➡55ページ）

㉛ □《さく》□《ひん》は□《さん》□《がっ》□《き》に□《かえ》す□《よ》□《てい》です。

㉜ □《しゃ》□《ない》□《ほう》□《そう》によると□《つぎ》が□《しゅう》□《ちゃく》□《えき》だ。

㉝ □《びょう》□《そく》五十メートルの□《かぜ》は車より□《はや》い。

㉞ □《きょ》□《ねん》の□《うん》□《どう》□《かい》は□《あか》□《ぐみ》が□《か》った。

㉟ □《どう》□《ぐ》□《ばこ》の中に□《じょう》□《とう》な□《ふで》がある。

れい文 ㉛〜㉟

漢字を書きましょう

名前

月　日

（答え⬇55ページ）

㉛ □《さく》□《ひん》は□《さん》□《がっ》□《き》に□《かえ》す□《よ》□《てい》です。

㉜ □《しゃ》□《ない》□《ほう》□《そう》によると□《つぎ》が□《しゅう》□《ちゃく》□《えき》だ。

㉝ □《びょう》□《そく》五十メートルの□《かぜ》は車より□《はや》い。

㉞ □《きょ》□《ねん》の□《うん》□《どう》□《かい》は□《あか》□《ぐみ》が□《か》った。

㉟ □《どう》□《ぐ》□《ばこ》の中に□《じょう》□《とう》な□《ふで》がある。

れい文 ㊱～㊵

文を三回読みましょう

名前

月　日

㊱ 朝《あさ》起《お》きて君《きみ》は歯《は》をみがきましたか。

㊲ 箱《はこ》を開《あ》け、商《しょう》品《ひん》を整《せい》理《り》して送《おく》る。

㊳ 自《じ》由《ゆう》勉《べん》強《きょう》で反《はん》対《たい》の意《い》味《み》を調《しら》べた。

㊴ まな板《いた》の油《あぶら》を湯《ゆ》であらい落《お》とす。

㊵ 橋《はし》の中《ちゅう》央《おう》でお待《ま》ち申《もう》し上《あ》げます。

れい文 ㊱〜㊵

漢字をていねいになぞりましょう

名前

月　日

㊱ 朝《あさ》起《お》きて君《きみ》は歯《は》をみがきましたか。

㊲ 箱《はこ》を開《あ》け、商《しょう》品《ひん》を整《せい》理《り》して送《おく》る。

㊳ 自《じ》由《ゆう》勉《べん》強《きょう》で反《はん》対《たい》の意《い》味《み》を調《しら》べた。

㊴ まな板《いた》の油《あぶら》を湯《ゆ》であらい落《お》とす。

㊵ 橋《はし》の中《ちゅう》央《おう》でお待《ま》ち申《もう》し上《あ》げます。

れい文 ㊱〜㊵

漢字に読みがなをつけましょう

名前

月　日

（答え⬇63ページ）

㊱ 朝起きて君は歯をみがきましたか。

㊲ 箱を開け、商品を整理して送る。

㊳ 自由勉強で反対の意味を調べた。

㊴ まな板の油を湯であらい落とす。

㊵ 橋の中央でお待ち申し上げます。

れい文 36～40

漢字のでき方を読みましょう

名前

月　日

歯

は　シ　　歯車《はぐるま》　歯科医《しかい》

口の中に歯《は》がある形《かたち》からできた字。止《し》は読《よ》みを表《あらわ》す。

整

ととの-える　セイ　　室内《しつない》を整《ととの》える　整列《せいれつ》

木の束《たば》を上から攴《う》って整《ととの》えている字。正《せい》は読《よ》みを表《あらわ》す。

反

そ-る　ハン　　体《からだ》を反《そ》らす　反対《はんたい》

がけ（厂）を手（又）で登《のぼ》ろうとしている形《かたち》。体《からだ》がひっくり返《かえ》ることから「そむく・そる・かえる」の意味《いみ》に使《つか》われるようになった。

板

いた　ハン　バン　　ゆか板《いた》　合板《ごうはん》　板書《ばんしょ》

木＋反《はん》。うすくそいで反《そ》っている木片《もくへん》を板《いた》という。坂・阪も「ハン」と読《よ》む。

申

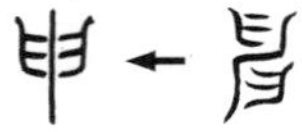

もう-す　　申《もう》し上《あ》げる

稲光《いなびかり》の形《かたち》からできた字。右の字の右上から左下に曲《ま》がっている線《せん》を真《ま》っ直《す》ぐ伸《の》ばすと左の字になる。稲光《いなびかり》は天《てん》の神様《かみさま》が発《はっ》すると考《かんが》えられ、初《はじ》めは「神《かみ》」の意味《いみ》として使《つか》われたが、稲光《いなびかり》が走《はし》ることから「伸《の》びる」意味《いみ》にもなった。それで、頭《あたま》の中の考《かんが》えを伸《の》ばして、自分《じぶん》の考《かんが》えを口で言《い》う（申《もう》す）意《い》味《み》に使《つか》われるようになった。神・伸・紳なども「シン」と読《よ》む。

れい文 ㊱〜㊵

漢字の練習をしましょう

名前　　　月　日

（答え⬇63ページ）

㊱ □《あさ》起《お》きて□《きみ》は歯《は》をみがきましたか。

㊲ 箱《はこ》を開《あ》け、□《しょう》□《ひん》を整《せい》理《り》して□《おく》る。

㊳ 自《じ》由《ゆう》勉《べん》強《きょう》で□《はん》□《たい》の□《い》□《み》を調《しら》べた。

㊴ まな□《いた》の油《あぶら》を□《ゆ》であらい落《お》とす。

㊵ 橋《はし》の□《ちゅう》□《おう》でお待《ま》ち□《もう》し□《あ》げます。

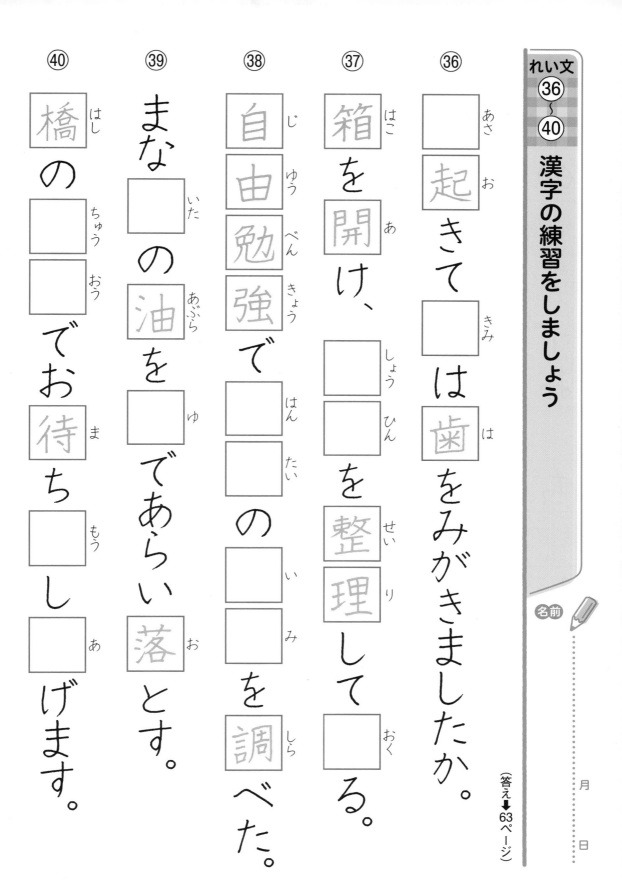

れい文 ㊱～㊵

漢字の練習をしましょう

名前

月　日

（答え⬇63ページ）

㊱ □《あさ》□《お》きて君《きみ》は歯《は》をみがきましたか。

㊲ □《はこ》を□《あ》け、商《しょう》品《ひん》を□《せい》□《り》して送《おく》る。

㊳ □《じ》□《ゆう》□《べん》□《きょう》で反《はん》対《たい》の意《い》味《み》を□《しら》べた。

㊴ まな板《いた》の□《あぶら》を湯《ゆ》であらい□《お》とす。

㊵ □《はし》の中《ちゅう》央《おう》でお□《ま》ち申《もう》し上《あ》げます。

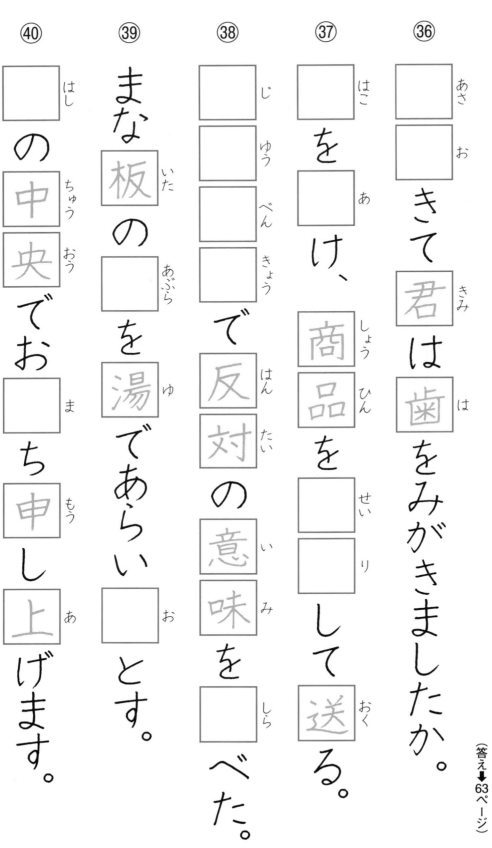

れい文 ㊱～㊵

漢字を書きましょう

名前

月　日

（答え⬇63ページ）

㊱ □《あさ》□《お》きて□《きみ》は□《は》をみがきましたか。

㊲ □《はこ》を□《あ》け、□《しょう》□《ひん》を□《せい》□《り》して□《おく》る。

㊳ □《じ》□《ゆう》□《べん》□《きょう》で□《はん》□《たい》の□《い》□《み》を□《しら》べた。

㊴ まな□《いた》の□《あぶら》を□《ゆ》であらい□《お》とす。

㊵ □《はし》の□《ちゅう》□《おう》でお□《ま》ち□《もう》し□《あ》げます。

れい文 ㊱〜㊵

漢字を書きましょう

名前

月　日

（答え⬇63ページ）

㊱ □《あさ》□《お》きて□《きみ》は□《は》をみがきましたか。

㊲ □《はこ》を□《あ》け、□《しょう》□《ひん》を□《せい》□《り》して□《おく》る。

㊳ □《じ》□《ゆう》□《べん》□《きょう》で□《はん》□《たい》の□《い》□《み》を□《しら》べた。

㊴ まな□《いた》の□《あぶら》を□《ゆ》であらい□《お》とす。

㊵ □《はし》の□《ちゅう》□《おう》でお□《ま》ち□《もう》し□《あ》げます。

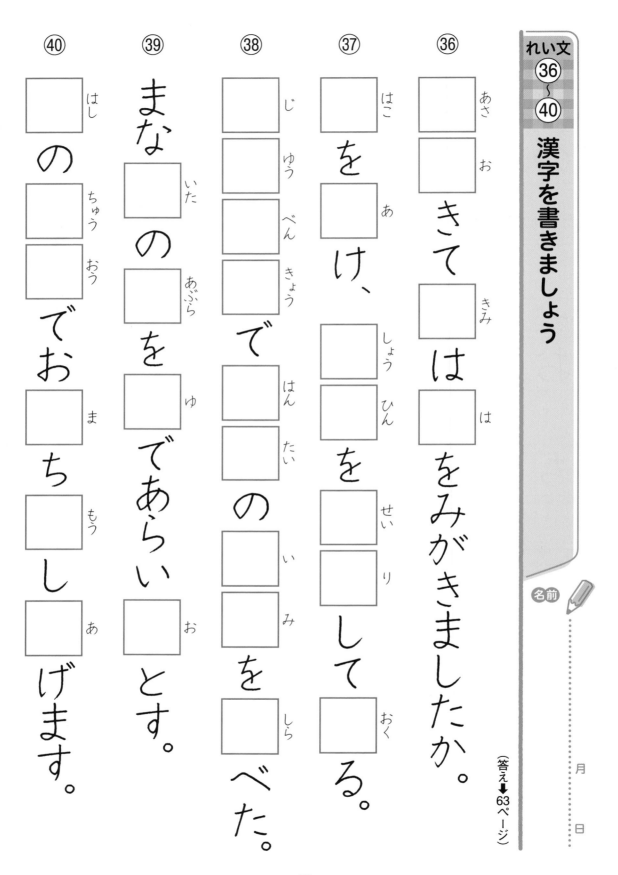

れい文 ㊶〜㊺

文を三回読みましょう

名前

月　日

㊶ 学《がっ》級《きゅう》に配《くば》り係《がかり》その他《た》の仕《し》事《ごと》がある。

㊷ 試《し》合《あい》に負《ま》けても野《や》球《きゅう》部《ぶ》は礼《れい》を言《い》う。

㊸ 三《さん》丁《ちょう》目《め》に発《はつ》電《でん》の研《けん》究《きゅう》所《じょ（しょ）》がある。

㊹ 指《ゆび》を切《き》り、薬《やっ》局《きょく》で安《やす》い薬《くすり》を買《か》った。

㊺ 地《ち》階《かい》の部《へ》屋《や》は暗《くら》くて人《ひと》が住《す》めない。

れい文 ㊶～㊺

漢字をていねいになぞりましょう

名前

月　日

㊶ 学《がっ》級《きゅう》に配《くば》り係《がかり》その他《た》の仕《し》事《ごと》がある。

㊷ 試《し》合《あい》に負《ま》けても野《や》球《きゅう》部《ぶ》は礼《れい》を言《い》う。

㊸ 三《さん》丁《ちょう》目《め》に発《はっ》電《でん》の研《けん》究《きゅう》所《じょ》がある。

㊹ 指《ゆび》を切《き》り、薬《やっ》局《きょく》で安《やす》い薬《くすり》を買《か》った。

㊺ 地《ち》階《かい》の部《へ》屋《や》は暗《くら》くて人が住《す》めない。

れい文 ㊶～㊺

漢字に読みがなをつけましょう

（答え⬇71ページ）

名前

月　日

㊶ 学級に配り係その他の仕事がある。

㊷ 試《し》合に負けても野球部は礼を言う。

㊸ 三丁目に発電の研究所がある。

㊹ 指を切り、薬局で安い薬を買った。

㊺ 地階の部屋は暗くて人が住めない。

漢字のでき方を読みましょう

名前

月　日

級　係　球　究　指　階

級

キュウ　下級生《かきゅうせい》

糸＋及《きゅう》。糸を機械《きかい》にかけて順序《じゅんじょ》よく布《ぬの》を織《お》ること。区切《くぎ》って分《わ》けた順番《じゅんばん》の意味《いみ》。

係

かか-る　かかり　ケイ　主語《しゅご》に係《かか》る　係活動《かかりかつどう》　関係《かんけい》

人＋系《けい》。系《けい》はかざり糸のこと。
係《かかり》は、かざり糸を人に結《むす》び付《つ》けて、その人をつなぎとめること（関係《かんけい》）。

球

たま　キュウ　速《はや》い球《たま》　野球《やきゅう》

王＋求《きゅう》。求《きゅう》はけものの皮《かわ》をまいて丸《まる》くした物《もの》。王という字は、昔《むかし》は美《うつく》しい「玉《たま》」を表《あらわ》していた。

究

キュウ　研究《けんきゅう》

穴《あな》＋九。九は、身《み》を折《お》り曲《ま》げている竜《りゅう》の形《かたち》。穴《あな》のおくまで身《み》をかがめて入りこむことが究《きゅう》。

それで「きわめる」「しらべつくす」意味《いみ》となった。

指

ゆび　さ-す　シ　親指《おやゆび》　東《ひがし》を指《さ》す　指名《しめい》

手＋旨《し》。旨《し》はうつわの中の肉《にく》などを小刀《こがたな》で切《き》る形《かたち》で、食《た》べ物《もの》がうまいことを言《い》う。
指《ゆび》は、その食《た》べ物《もの》を指《ゆび》さす意味《いみ》。旨《し》をふくむ字のうち、旨、脂も「シ」と読《よ》む。

階

カイ　二階《にかい》

字の左側《ひだりがわ》の⻖(阝)は、神様《かみさま》のはしご。階《かい》は、神様《かみさま》が階段《かいだん》を並《なら》んでおりている様子《ようす》。

れい文 41〜45

漢字の練習をしましょう

名前

月　日

（答え⬇71ページ）

41 学《がっ》級《きゅう》に□《くば》り係《がかり》その他《た》の□《し》□《ごと》がある。

42 試《し》□《あい》に□《ま》けても野《や》球《きゅう》部《ぶ》は□《れい》を□《い》う。

43 三《さん》丁《ちょう》目《め》に□《はつ》□《でん》の□《けん》□《きゅう》所《じょ》がある。

44 □《ゆび》を□《き》り、薬《やっ》局《きょく》で□《やす》い薬《くすり》を□《か》った。

45 □《ち》□《かい》の部《へ》屋《や》は暗《くら》くて人が□《す》めない。

れい文 ㊶〜㊺

漢字の練習をしましょう

名前

月　日

（答え↓71ページ）

㊶ □《がっ》□《きゅう》に配《くば》り□《がかり》その□《た》の仕《し》事《ごと》がある。

㊷ 試《し》□《あい》に負《ま》けても□《や》□《きゅう》□《ぶ》は礼《れい》を□《い》う。

㊸ □《さん》□《ちょう》□《め》に発《はつ》電《でん》の研《けん》究《きゅう》□《じょ》がある。

㊹ 指《ゆび》を□《き》り、□《やっ》□《きょく》で安《やす》い□《くすり》を□《か》った。

㊺ 地《ち》階《かい》の□《へ》□《や》は□《くら》くて人が住《す》めない。

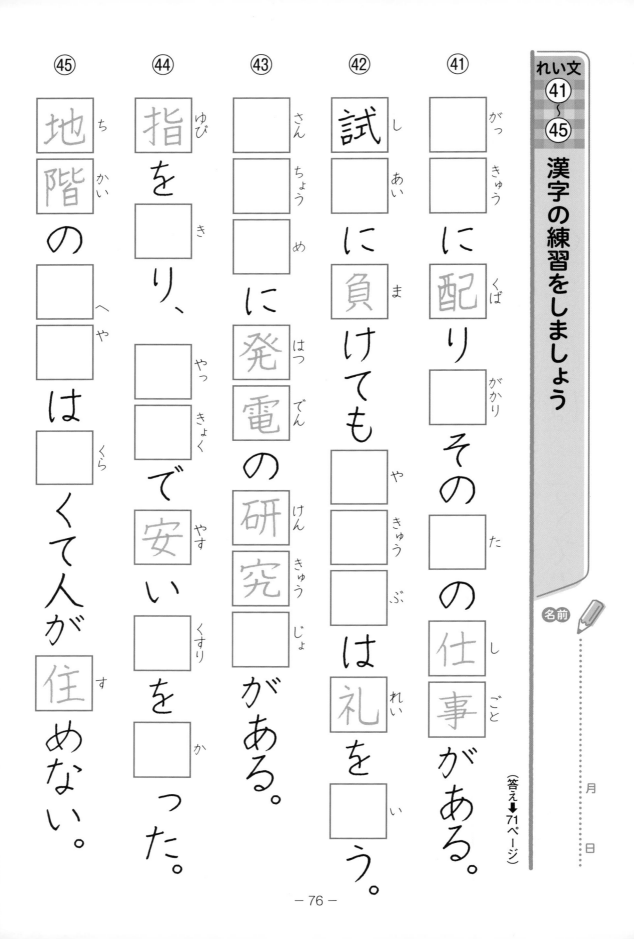

れい文 ㊶〜㊺

漢字を書きましょう

名前

月　日

（答え↓71ページ）

㊶ □《がっ》□《きゅう》に□《くば》り□《がかり》その□《た》の□《し》□《ごと》がある。

㊷ 試《し》□《あい》に□《ま》けても□《や》□《きゅう》□《ぶ》は□《れい》を□《い》う。

㊸ □《さん》□《ちょう》□《め》に□《はつ》□《でん》の□《けん》□《きゅう》□《じょ》がある。

㊹ □《ゆび》を□《き》り、□《やっ》□《きょく》で□《やす》い□《くすり》を□《か》った。

㊺ □《ち》□《かい》の□《へ》□《や》は□《くら》くて人が□《す》めない。

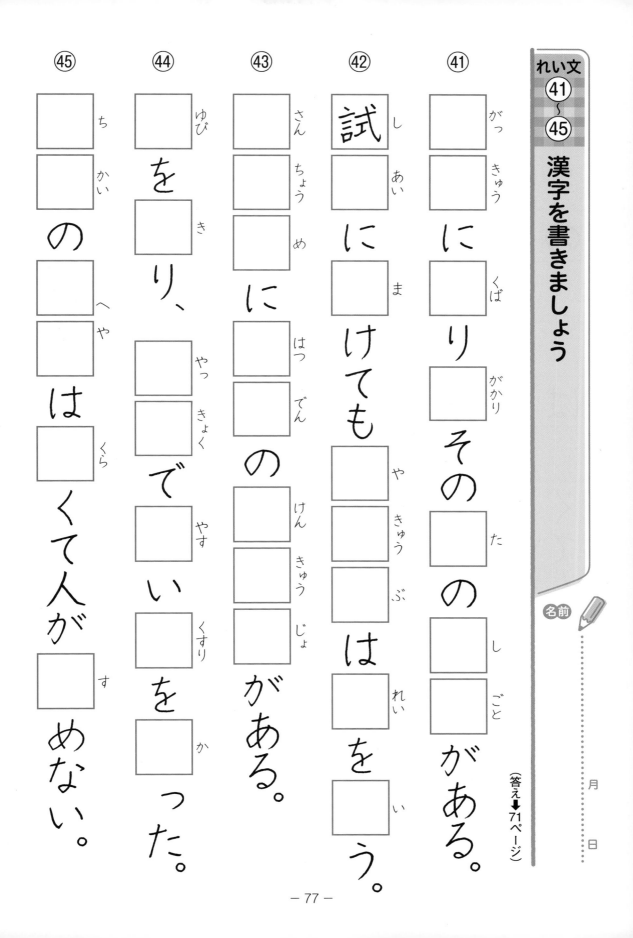

れい文 ㊶～㊺

漢字を書きましょう

名前

月　日

（答え↓71ページ）

㊶ □《がっ》□《きゅう》に□《くば》り□《がかり》その□《た》の□《し》□《ごと》がある。

㊷ 試《し》□《あい》に□《ま》けても□《や》□《きゅう》□《ぶ》は□《れい》を□《い》う。

㊸ □《さん》□《ちょう》□《め》に□《はつ》□《でん》の□《けん》□《きゅう》□《じょ》がある。

㊹ □《ゆび》を□《き》り、□《やっ》□《きょく》で□《やす》い□《くすり》を□《か》った。

㊺ □《ち》□《かい》の□《へ》□《や》は□《くら》くて人が□《す》めない。

れい文 ㊻〜㊿

文を三回読みましょう

名前

月　日

㊻ 庭《にわ》で植《しょく》物《ぶつ》を一《いっ》生《しょう》けん命《めい》育《そだ》てる。

㊼ 道《どう》路《ろ》に鉄《てっ》柱《ちゅう》を根《ね》元《もと》からうめこむ。

㊽ 友《とも》だちと相《そう》談《だん》し、手《て》助《だす》けをした。

㊾ 千《ち》葉《ば》県《けん》の予《よ》算《さん》はある県《けん》の倍《ばい》だ。

㊿ この曲《きょく》の第《だい》一《いち》楽《がく》章《しょう》は有《ゆう》名《めい》だ。

れい文 ㊻〜㊿

漢字をていねいになぞりましょう

名前

月　日

㊻ 庭《にわ》で植《しょく》物《ぶつ》を一《いっ》生《しょう》けん命《めい》育《そだ》てる。

㊼ 道《どう》路《ろ》に鉄《てっ》柱《ちゅう》を根《ね》元《もと》からうめこむ。

㊽ 友《とも》だちと相《そう》談《だん》し、手《て》助《だす》けをした。

㊾ 千《ち》葉《ば》県《けん》の予《よ》算《さん》はある県《けん》の倍《ばい》だ。

㊿ この曲《きょく》の第《だい》一《いち》楽《がく》章《しょう》は有《ゆう》名《めい》だ。

れい文 46〜50 漢字に読みがなをつけましょう

名前

月　日

（答え➡79ページ）

46 庭で植物を一生けん命育てる。

47 道路に鉄柱を根元からうめこむ。

48 友だちと相談し、手助けをした。

49 千葉県の予算はある県の倍だ。

50 この曲の第一楽章は有名だ。

れい文 46～50

漢字のでき方を読みましょう

名前

月　日

命

いのち　メイ

命《いのち》がけ　運命《うんめい》

令《れい》＋口。令《れい》（令）は神様《かみさま》の前《まえ》でいのっている様子《ようす》。口（ㅂ）はいのりの文を入れる箱《はこ》。神様《かみさま》のお告《つ》げを命《めい》という。

根

ね　コン

草《くさ》の根《ね》　球根《きゅうこん》

木＋艮《こん》。木の根《ね》は木を大きくする「もと」になるので、根《こん》は「もののもと」という意味《いみ》で使《つか》われる。

助

たす-ける　ジョ

人《ひと》を助《たす》ける　助走《じょそう》

且《しょ》＋力。且《しょ》は草《くさ》を切《き》るすきを表《あらわ》し、力は土地《とち》を耕《たがや》すすきを表《あらわ》す。道具《どうぐ》を使《つか》って農作業《のうさぎょう》を助《たす》けるという意味《いみ》から、のちに「協力《きょうりょく》して、人をたすける」意味《いみ》でも使《つか》うようになった。

倍

バイ

十倍《じゅうばい》

人＋咅《ばい》。咅《ばい》は、実《み》がじゅくしてわれようとしている形《かたち》。倍《ばい》は、われて数《かず》が多《おお》くなること。

有

あ-る　ユウ

有《あ》り合《あ》わせ　有名人《ゆうめいじん》

ヨ＋月。肉《にく》（月）を手（ヨ）で持《も》って、神様《かみさま》にそなえる形《かたち》。それで、「もつ・たもつ・ある」の意味《いみ》になった。

れい文 ㊻～㊿

漢字の練習をしましょう

名前

月　日

（答え⬇79ページ）

㊻ 庭《にわ》で□《しょく》□《ぶつ》を一《いっ》生《しょう》けん命《めい》□《そだ》てる。

㊼ 道《どう》路《ろ》に鉄《てっ》柱《ちゅう》を□《ね》□《もと》からうめこむ。

㊽ □《とも》だちと相《そう》談《だん》し、□《て》□《だす》けをした。

㊾ 千《ち》葉《ば》県《けん》の□《よ》□《さん》はある県《けん》の倍《ばい》だ。

㊿ この□《きょく》の第《だい》一《いち》□《がく》□《しょう》は有《ゆう》名《めい》だ。

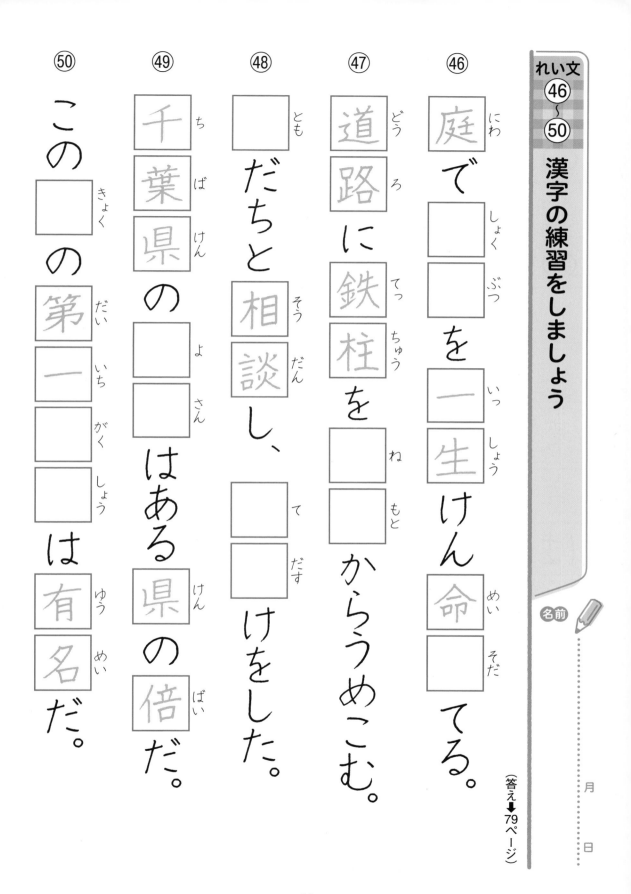

れい文 ㊻～㊿

漢字の練習をしましょう

名前

月　日

（答え➡79ページ）

㊻ □《にわ》で植《しょく》物《ぶつ》を□《いっ》□《しょう》けん□《めい》育《そだ》てる。

㊼ □《どう》□《ろ》に□《てっ》□《ちゅう》を根《ね》元《もと》からうめこむ。

㊽ □《とも》だちと□《そう》□《だん》し、手《て》助《だす》けをした。

㊾ □《ち》□《ば》□《けん》の予《よ》算《さん》はある□《けん》の□《ばい》だ。

㊿ この曲《きょく》の□《だい》□《いち》楽《がく》章《しょう》は□《ゆう》□《めい》だ。

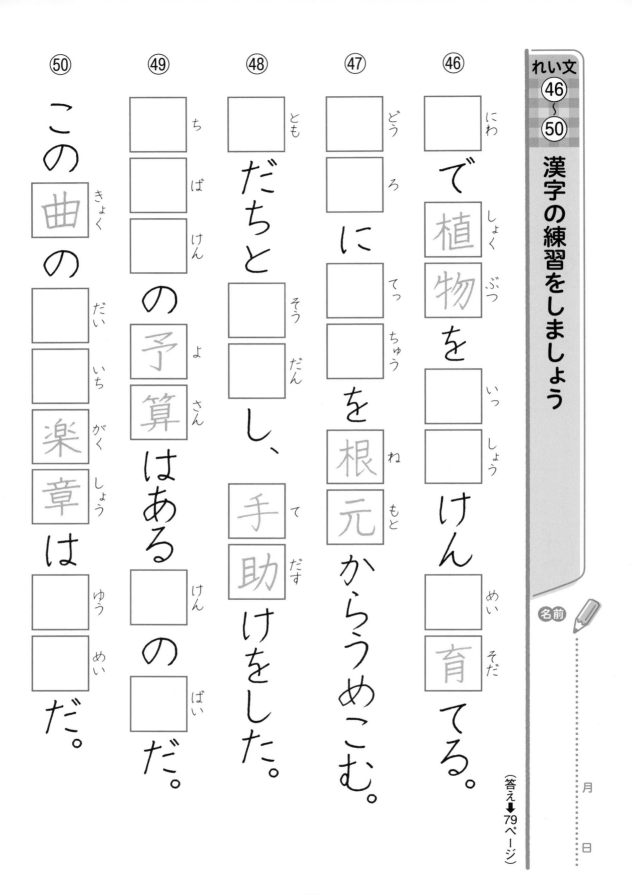

れい文 ㊻～㊿

漢字を書きましょう

名前

月　日

（答え➡79ページ）

㊻ □《にわ》で□《しょく》□《ぶつ》を□《いっ》□《しょう》けん□《めい》□《そだ》てる。

㊼ □《どう》□《ろ》に□《てっ》□《ちゅう》を□《ね》□《もと》からうめこむ。

㊽ □《とも》だちと□《そう》□《だん》し、□《て》□《だす》けをした。

㊾ □《ち》□《ば》□《けん》の□《よ》□《さん》はある□《けん》の□《ばい》だ。

㊿ この□《きょく》の□《だい》□《いち》□《がく》□《しょう》は□《ゆう》□《めい》だ。

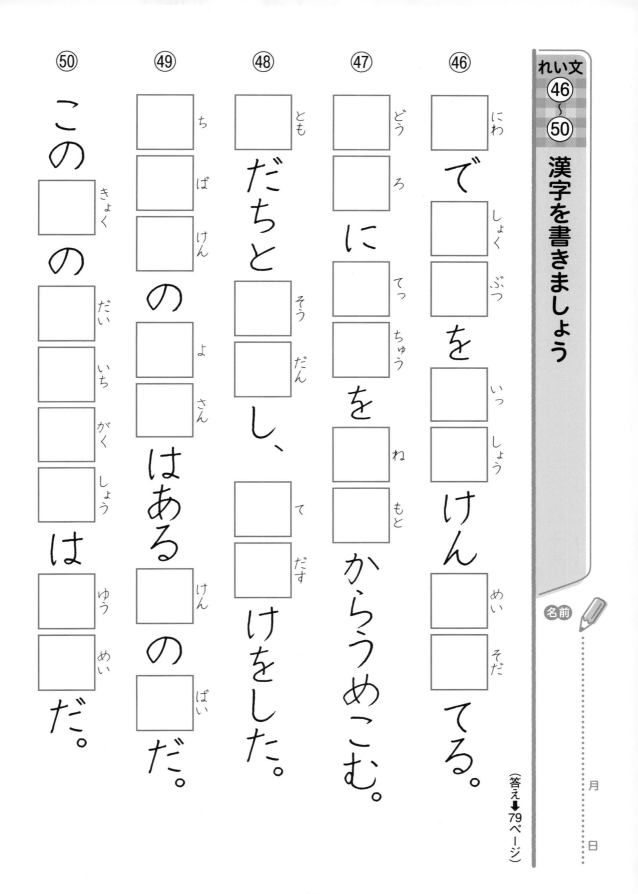

れい文 ㊻～㊿

漢字を書きましょう

名前

月　日

（答え➡79ページ）

㊻ □《にわ》で□《しょく》□《ぶつ》を□《いっ》□《しょう》けん□《めい》□《そだ》てる。

㊼ □《どう》□《ろ》に□《てっ》□《ちゅう》を□《ね》□《もと》からうめこむ。

㊽ □《とも》だちと□《そう》□《だん》し、□《て》□《だす》けをした。

㊾ □《ち》□《ば》□《けん》の□《よ》□《さん》はある□《けん》の□《ばい》だ。

㊿ この□《きょく》の□《だい》□《いち》□《がく》□《しょう》は□《ゆう》□《めい》だ。

三年生のまとめ(1)

□に漢字を書きましょう

名前

月　日

(答え↓95ページ)

① □□《あくじ》を□□《あんごう》で□□《つうち》も□□《あんしん》できず。

② □□□《いやくひん》の□《はこ》を□□《くすりや》が□□《ようい》した。

③ □□□□《がっきゅういいん》が□《うけ》付《つけ》□《がかり》に□《と》り□《く》む□□《しゃしん》。

④ □□《きゅうしゅう》で□《すす》める□□□□《いんしゅうんてん》□□□□《ついほううんどう》。

⑤ □□□《しぎょうしき》で□□□《たいいくかん》に□□□□《ぜんいんせいれつ》する。

三年生のまとめ ⑵

□に漢字を書きましょう

名前

月　日

（答え↓95ページ）

① □□《ちゅうい》欠《か》き□《はしら》で□《はな》□《う》ち□□《ようふく》に□《ち》。

② □□□□《やきゅうぶいん》□□《べんきょう》も□《あそ》びも□□□□《ぜんりょくとうきゅう》。

③ □□《かんじ》の□□□《いみしら》べ□□《かんそう》は□《たの》しい。

④ □□《えきまえ》に□□□□《ぎんこうかいぎょう》□□《ろじょう》に□《きゃく》が□《ま》つ。

⑤ □□□《けんだいひょう》で□□《しょうわ》について□□□□《けんきゅうはっぴょう》する。

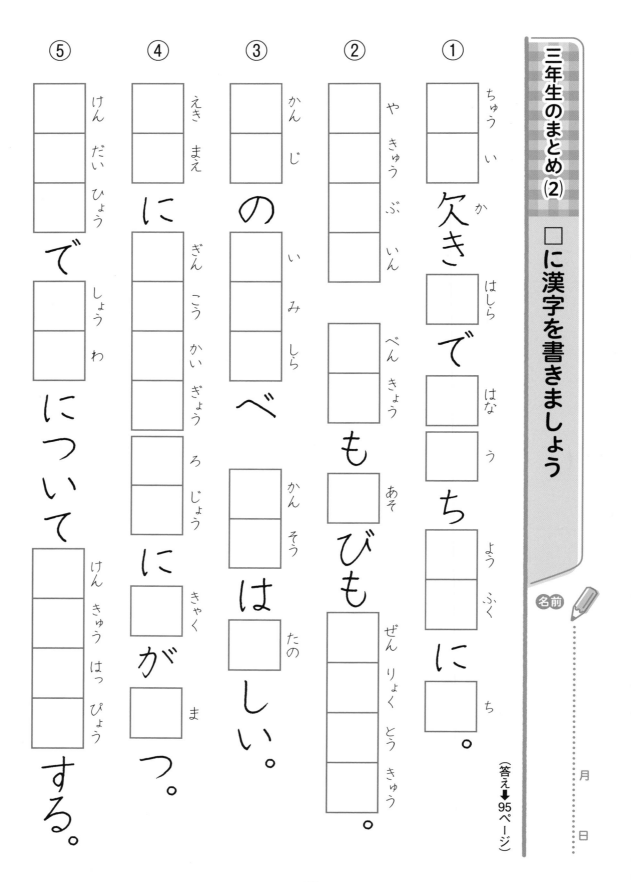

三年生のまとめ⑶

□に漢字を書きましょう

名前

月　日

（答え➡95ページ）

① □□《りょうしん》は□□□□《せかいりょこう》が□□《しごと》の□□□《しょうばいにん》。

② □□□《ちくまつ》り□《みなと》を□□《よこぎ》る□□□□《かんちゅうすいえい》。

③ □《し》の□《ちか》い□□□《じゅうびょうにん》□《たす》けた□□□□《ちゅうおうびょういん》。

④ □□□《ほうそうきょく》□□《でんぱ》に□《の》せる□□《けっしょう》の□□《ようす》。

⑤ □《みずうみ》の□□《りょくち》で□□《きゅうそく》する□□《こうふく》な□□《かぞく》。

三年生のまとめ⑷

□に漢字を書きましょう

名前

月　日

（答え➡95ページ）

① □□《ひうん》でも□□《ようき》に□《ふえ》をふく□□□《にんきもの》。

② □□《すいしん》が□《きゅう》に□《ふか》くなり□《いそ》いで□《きし》へ。

③ □□《くしん》の□□《さっきょく》□□《れんしゅう》□《かさ》ね□□《おうきゅう》でひく。

④ □□《おんど》を□□□《よていどお》りにメモ□《ちょう》に□《しる》す。

⑤ □《かる》い□□《にもつ》□《も》ち□□《にかい》の□□《かぐ》の□《よこ》へ。

三年生のまとめ⑸

□に漢字を書きましょう

名前

月　日

（答え➡95ページ）

① □《お》わります。□□《しょうめん》を□《む》き、□□《きりつ》、□《れい》。

② □□《はいせん》し□□《でんりゅう》□《なが》し□□□《まめでんきゅう》がつく。

③ □《やく》に□《た》つ□《み》のなる□□《しょくぶつ》□□《のうか》の□《はたけ》。

④ □□《しゅご》をきちんと□《つか》った□《みじか》い□□《ぶんしょう》。

⑤ □《は》でかんで□□《しょうか》を□《たす》け□《み》を□《まも》る。

三年生のまとめ ⑹

□に漢字を書きましょう

名前

月　日

（答え➡96ページ）

① 九《きゅう》□《びょう》で□《はし》を□《とお》る□《はや》い□《くるま》が□《つ》いた。

② □《いのち》が□《だい》□《いち》□《しま》の□《てっ》□《きょう》高《こう》□《しょ》の□《こう》□《じ》。

③ □《じょう》□《とう》の□《け》□《がわ》は□《よう》□《もう》の□《なん》□《ばい》もする。

④ □《うつく》しい□《お》ち□《ば》散《ち》る□《ゆ》けむりの□《やど》。

⑤ □《し》の□《もん》□《だい》□《つぎ》は□《きみ》だと□《し》□《めい》された。

三年生のまとめ ⑺

□に漢字を書きましょう

名前

月　日

（答え⬇96ページ）

① □《そう》□《だん》□《あい》□《て》に□《はん》□《たい》されて□《こん》□《ま》けした。

② □《ぶん》□《こ》□《ぼん》の□《だい》□《めい》は□《ゆう》□《めい》な□《え》□《ざら》が□《ゆ》□《らい》。

③ □《さか》の上□《きみ》の□《じゅう》□《しょ》は□《いっ》□《ちょう》□《め》□《いち》□《ばん》□《ち》。

④ □《せき》□《ゆ》、□《せき》□《たん》を□《つか》う□《き》□《かん》の□《ふゆ》が□《さ》る。

⑤ セミが□《な》き□《こ》ども□《あつ》まる□《あつ》い□《にわ》。

三年生のまとめ⑻

□に漢字を書きましょう

名前

月　日

（答え➡96ページ）

① □□《こくばん》の□《まえ》で□《け》しゴムを□《ひろ》った。

② □□《とかい》より□□《とざん》が大すき□□《どうわ》の□□《さくしゃ》。

③ □《お》とし□《もの》の□□《ふでばこ》を□《も》ち□《ぬし》に□《かえ》す。

④ □□《たこく》の□□《ひょうざん》への□□《とざん》に□《もう》しこむ。

⑤ □《むかし》は□《かみ》のもとでの□□《じゆう》や□□《びょうどう》。

答え

〈まとめ(1) 87ページ〉

① 悪事 暗号 通知 安心
② 医薬品 箱 薬屋 用意
③ 学級委員 受付係 取 組 写真
④ 九州 進 飲酒運転 追放運動
⑤ 始業式 体育館 全員整列

〈まとめ(2) 88ページ〉

① 注意 柱 鼻 打 洋服 血
② 野球部員 勉強 遊 全力投球
③ 漢字 意味調 感想 楽
④ 駅前 銀行 開業 路上 客 待
⑤ 県代表 昭和 研究発表

〈まとめ(3) 89ページ〉

① 両親 世界旅行 仕事 商売人
② 地区祭 港 横切 寒中水泳
③ 死 近 重病人 助 中央病院
④ 放送局 電波 乗 決勝 様子
⑤ 湖 緑地 休息 幸福 家族

〈まとめ(4) 90ページ〉

① 悲運 陽気 笛 人気者
② 水深 急 深 急 岸
③ 苦心 作曲 練習 重 王宮
④ 温度 予定通 帳 記
⑤ 軽 荷物 持 二階 家具 横

〈まとめ(5) 91ページ〉

① 終 正面 向 起立 礼
② 配線 電流 流 豆電球
③ 役 立 実 植物 農家 畑
④ 主語 使 短 文章
⑤ 歯 消化 助 身 守

〈まとめ(6)　92ページ〉

① 九秒　橋　通　速　車　着
② 命　第一　島　鉄橋　高所　工事
③ 上等　毛皮　羊毛　何倍
④ 美　落　葉　湯　宿
⑤ 詩　問題　次　君　指名

〈まとめ(7)　93ページ〉

① 相談相手　反対　根負
② 文庫本　題名　有名　絵皿　由来
③ 坂　君　住所　一丁目一番地
④ 石油　石炭　使　期間　冬　去
⑤ 鳴　子　集　暑　庭

〈まとめ(8)　94ページ〉

① 黒板　前　消　拾
② 都会　登山　童話　作者
③ 落　物　筆箱　持　主　返
④ 他国　氷山　登山　申
⑤ 昔　神　自由　平等

【参考資料】

＊本書の漢字解説は以下の資料を参考にさせていただきました。

『インデックスフォント今昔文字鏡プロフェッショナル版』（紀伊國屋書店）
『漢字のなりたち物語』阿辻哲次（講談社）
『漢字の字源』阿辻哲次（講談社）
『漢字の謎解明講座』（日本漢字検定協会）
『漢字百話』白川静（中央公論新社）
『ことばのしるべ』（学校図書）
『字通』白川静（平凡社）
『字統』白川静（平凡社）
『常用字解』白川静（平凡社）
『白川静『文字講話』シリーズ』監修白川静（文字文化研究所）
『白川静式小学校漢字字典』小寺誠（フォーラム・A）
『新潮日本語漢字辞典』（新潮社）
『青銅器の世界』パンフレット（白鶴美術館）
『説文解字』許真（中国書店印影本）
『例解小学漢字辞典』（三省堂）
『Ｓｕｐｅｒ日本語大辞典全ＪＩＳ漢字版』（学習研究社）